SALARIO
A LA LIBERTAD
FINANCIERA

Melanie Newell

Copyright © 2024 Salario a la Libertad Financiera por Melanie Newell. Reservados todos los derechos.

El contenido de este libro, o cualquier parte de él, no se puede replicar ni utilizar sin el consentimiento explícito por escrito del editor o del autor. La única excepción a esta regla es el uso de citas breves en la reseña de un libro.

Este libro está diseñado para proporcionar información precisa y autorizada sobre las finanzas personales. Se vende en el entendido de que ni el autor ni el editor se dedican a prestar servicios financieros, de inversión, legales, contables u otros servicios profesionales.

Si bien el editor y el autor han hecho sus mejores esfuerzos en la preparación de este libro, no hacen ninguna declaración ni garantía con respecto a la exactitud o integridad del contenido del libro y renuncian expresamente a cualquier garantía implícita de comerciabilidad o idoneidad para un propósito particular.

Los consejos y estrategias contenidos en este documento pueden no ser adecuados para su situación. Debe realizar una investigación exhaustiva o consultar con un profesional cuando sea apropiado. Ni el editor ni el autor serán responsables de ninguna pérdida de ganancias u otros daños comerciales, incluidos, entre otros, daños especiales, incidentales, consecuentes, personales o de otro tipo.

Escucha a *Salario a la Libertad Financiera* en **Audible.com**.

Contenido

INTRODUCCIÓN	7
CAUSAS FUNDAMENTALES	11
Razones de la lucha financiera	11
Ejercicio: Causas fundamentales	17
INICIO RÁPIDO SOBRE EDUCACIÓN FINANCIERA	19
Educación financiera	19
Fundamentos del dinero	22
Ejercicio: Educación financiera 102	34
PRESUPUESTA TU CAMINO HACIA LA LIBERTAD	35
Presupuesto	35
Métodos de presupuestación	38
El establecimiento de metas	40
Ejercicio: Su presupuesto	44
CUIDANDO TUS RECURSOS	49
Causas y soluciones	49
Necesidades versus deseos	57
Ejercicio: Viva dentro de sus posibilidades	59
ALTOS COSTOS: MANHATTAN	61

Factores del costo de vida ... 61

Reduciendo costos ... 63

Ejercicio: Reducir los costos de vida ... 69

EL TERMINADOR DE LA DEUDA ... 71

Fundamentos de la deuda ... 71

Interés compuesto ... 76

Gestión eficaz de la deuda ... 76

Estrategias de eliminación de deuda ... 79

Deuda hipotecaria ... 82

Ejercicio: Patear el trasero de la deuda ... 85

MÁS DINERO, MENOS PROBLEMAS ... 87

Aumente sus ingresos ... 87

Cuidado con las estafas ... 97

Ejercicio: Aumento de ingresos ... 101

DÍAS LLUVIOSOS, MAÑANAS SOLEADOS ... 103

Fondos de emergencia para días lluviosos ... 103

Préstamos de día de pago ... 106

Ahorros para mañanas soleados ... 107

Ejercicio: Pruebas de estrés ... 109

MÁS DE 30 CONSEJOS PRINCIPALES PARA AHORRAR DINERO — 111

Consejos generales — 111

Consejos para la compra y el hogar — 115

Consejos de ropa — 119

Consejos bancarios — 120

Otros consejos — 121

CAMBIO DE MENTALIDAD MONETARIA — 125

Mente sobre el dinero — 125

Transformación y crecimiento — 130

Compromiso familiar — 138

APLICACIONES FINANCIERAS DE CINCO ESTRELLAS — 141

Educación — 141

Presupuesto — 142

Reducción de Deuda — 143

Puntajes de crédito — 144

La banca móvil — 145

Las tasas hipotecarias — 146

Invertir — 147

Transferencia de dinero (local) — 148

Transferencia de dinero (internacional) — 149

Preparacion de impuestos   150

Sitios de cupones   152

Calculadoras de costo de vida   153

DEL SUELDO A LA PROSPERIDAD   155

Introducción

Tenía una deuda de 114.000 dólares y vivía de sueldo en sueldo con pocas esperanzas. Un día dije: "Ya es suficiente", era hora de resolver mi frustración financiera. Mis ingresos mensuales eran decentes, por lo que los ingresos no eran el problema. En cambio, mi inseguridad financiera se debía a una falta de conocimientos financieros, planificación y responsabilidad personal.

Comencé a aprender los conceptos básicos de administración del dinero, cambiar mis hábitos y hacer presupuestos. Meses después, rompí mis luchas de sueldo a sueldo y reduje mi deuda significativamente. Ahora tengo el control de mi vida financiera y estoy libre de deudas. Quiero que la misma alegría y poder entren en tu vida.

Bienvenido a *Salario a la Libertad Financiera*, una guía transformadora diseñada para iluminar un camino hacia la abundancia y la plenitud financiera. En un mundo a menudo dominado por el flujo y reflujo de los cheques de pago, este libro es su brújula, que lo llevará más allá de las limitaciones financieras hacia un futuro próspero.

Muchos se encuentran atrapados en la marea de vivir de cheque en cheque, donde el estrés financiero y la incertidumbre se convierten en compañeros constantes. Los problemas financieros pueden ser abrumadores y afectar todos los aspectos de nuestras vidas. Pueden causar estrés, ansiedad e incluso depresión. Pero la verdad es que la mayoría de los problemas financieros tienen una causa fundamental que puede identificarse y abordarse. Al escribir este libro, mi objetivo es ayudarle a identificar esas causas fundamentales y brindarle soluciones prácticas para superarlas.

Este libro no trata sólo de hacer un presupuesto o ahorrar; es una exploración holística de los innumerables factores que influyen en su viaje financiero. Cada capítulo es un trampolín hacia una vida más próspera, desde desentrañar las causas fundamentales de las dificultades financieras hasta adoptar la educación financiera, la elaboración de presupuestos y el fomento de una mentalidad positiva.

La transición de un pensamiento centrado en el sueldo a una mentalidad patrimonial implica estrategias financieras prácticas y un cambio de perspectiva. Se trata de reconocer la abundancia de oportunidades, cultivar hábitos financieros saludables y liberar tu potencial para crear una vida donde las preocupaciones financieras ya no dominen tus pensamientos.

En los siguientes capítulos, profundizaremos en las complejidades de las finanzas personales y exploraremos estrategias para liberarnos de los ciclos de pesimismo y pesimismo de los sueldos. Desde técnicas prácticas de elaboración de presupuestos hasta el fomento de una mentalidad financiera positiva, cada capítulo está diseñado para brindarle el conocimiento y las herramientas necesarias para redefinir su relación con el dinero.

Entiendo que las finanzas personales pueden parecer desalentadoras y prometo presentar el material de una manera que sea fácil de entender y accesible para todos. Compartiré ejemplos y aplicaciones del mundo real para ayudar a ilustrar los conceptos y estrategias discutidos.

Espero que al leer este libro obtenga una comprensión más profunda de las finanzas personales y se sienta capacitado para tomar el control de su futuro financiero. Ya sea que recién esté comenzando o que ya esté en un buen camino, creo que los principios y técnicas discutidos en estas páginas pueden ayudarlo a alcanzar sus sueños financieros y crear un futuro mejor para usted y sus seres queridos.

¿Estás listo para embarcarte en este viaje? *Salario a la Libertad Financiera* no es sólo un libro; es una invitación a reimaginar su futuro financiero, liberarse de las limitaciones y abrazar una vida donde la prosperidad no sea sólo un sueño lejano sino una realidad tangible. Que comience la jornada.

Cómo leer este libro

Navegar por este libro está destinado a ser una expedición personal y le animo a que lo adopte a su propio ritmo. Cada capítulo es un módulo autónomo que profundiza en cuestiones financieras específicas. Si bien este libro fue escrito pensando en los consumidores estadounidenses, los conceptos financieros son globales. Por lo tanto, este libro le ayudará independientemente de dónde se encuentre. Sólo debes buscar los recursos equivalentes en tu país.

Tómese el tiempo para absorber las ideas, participar en los ejercicios y reflexionar sobre los principios presentados. Trate cada capítulo como un bloque de construcción, construyendo gradualmente una base sólida para su futuro financiero.

Al final del libro, comprenderá las razones de sus dificultades financieras y los pasos que puede seguir para rectificarlas. Luego, podrá crear un plan personalizado para mejorar sus circunstancias financieras y su seguridad dentro de un plazo adecuado. Finalmente, construirás una mejor relación con el dinero para mejorar tu bienestar y tranquilidad.

MELANIE NEWELL

Capítulo 1
Causas fundamentales

¿Por qué vives de cheque en cheque? ¿Por qué ha acumulado una deuda considerable? ¿Por qué no tienes ahorros? Es posible que haya pensado en estas preguntas pero no haya podido identificar las razones exactas.

Para lograr progreso financiero, debe comprender la razón o razones subyacentes de su situación financiera. Esto le invitará a tener una mayor conciencia de sus hábitos de administración del dinero y lo acercará más a la búsqueda de soluciones. Repasemos varias causas potenciales de la inestabilidad financiera actual en este capítulo.

Razones de la lucha financiera

Baja educación financiera

¿Está usted entre los millones que no recibieron educación financiera de sus padres o de la escuela? No te preocupes, no estás solo. Sin embargo, una baja educación financiera puede contribuir significativamente al ciclo de vivir de sueldo en sueldo, atrapando a las personas en una situación económica precaria.

La educación financiera se refiere a la comprensión y el conocimiento de diversos aspectos financieros, incluidos la elaboración de presupuestos, el ahorro, la inversión y la gestión de la deuda. Cuando las personas carecen de este conocimiento esencial, pueden tomar decisiones mal informadas que obstaculizan su estabilidad financiera. Por ejemplo, la educación financiera dirige a las personas a crear y respetar un presupuesto. Sin comprender esto, las personas pueden tener dificultades para administrar sus ingresos de manera efectiva. Por ejemplo, podrían gastar demasiado en artículos no esenciales, dejando poco o ningún dinero para gastos esenciales como alquiler, servicios públicos y comestibles.

Mejorar la educación financiera es esencial para romper el ciclo de vivir de sueldo en sueldo, erradicar las deudas y ahorrar dinero. La educación y los recursos que promueven la comprensión de las finanzas personales pueden capacitar a las personas para tomar decisiones informadas, desarrollar resiliencia financiera y trabajar por el bienestar económico a largo plazo.

Falta de disciplina financiera

He conocido a muchas personas que tienen conocimientos financieros pero carecen de la disciplina para administrar su dinero de manera eficiente. Sin embargo, la disciplina es crucial para tomar decisiones informadas, ajustarse a un presupuesto y cultivar hábitos financieros responsables.

Cuando las personas carecen de disciplina en el manejo de su dinero, es más probable que gasten impulsivamente, descuiden los ahorros y acumulen deudas. Por ejemplo, Joe va al supermercado con una lista pero compra artículos innecesarios.

Desarrollar disciplina financiera y excelentes hábitos permite a las personas recuperar el control de sus finanzas en lugar de ser descuidados cuando más importa.

Sin objetivos financieros

No tener objetivos financieros puede contribuir significativamente a las dificultades financieras, ya que a menudo refleja una falta de dirección y propósito en la gestión de las propias finanzas. Es el equivalente a dejarse llevar por el viento y esperar terminar en algún lugar prometedor.

Los objetivos financieros proporcionan una hoja de ruta para que las personas planifiquen, ahorren e inviertan de manera inteligente, ayudándoles a lograr estabilidad y generar riqueza con el tiempo. Por ejemplo, los objetivos financieros motivan a uno a ahorrar dinero para propósitos específicos, como comprar una casa, iniciar un negocio o financiar la educación. Sin objetivos claros, las personas pueden carecer de incentivos para ahorrar, lo que lleva a una falta de fondos de emergencia y a una mayor dependencia del crédito en momentos de necesidad.

Establecer objetivos financieros es crucial para crear un camino y un futuro para la gestión de las finanzas. Los objetivos lo motivan a tomar decisiones informadas, priorizar gastos, ahorrar constantemente y trabajar por un futuro financiero más seguro. Al establecer y revisar periódicamente objetivos financieros, las personas pueden liberarse de los ciclos de estrés de los cheques salariales y construir una base para el éxito financiero.

Viva más allá de sus posibilidades

Gastar más de lo que gana es un error financiero fundamental que puede conducir rápidamente a una rutina de vivir de cheque en cheque. Cuando los gastos exceden constantemente los ingresos, las personas se encuentran en situaciones financieras precarias, luchando por cubrir sus necesidades y, a menudo, dependiendo de cada cheque de pago para satisfacer las necesidades inmediatas. Por ejemplo, vivir por encima de los propios medios restringe la flexibilidad financiera. Adaptarse a cambios en los ingresos, gastos inesperados o crisis económicas se vuelve un desafío. Esta falta de flexibilidad dificulta romper el ciclo de depender únicamente de cada cheque de pago para cumplir con las obligaciones financieras.

Romper el ciclo de vivir de sueldo en sueldo a menudo comienza con abordar el gasto excesivo. Esto puede implicar crear un presupuesto realista, priorizar las necesidades sobre los deseos, identificar áreas para reducir costos y desarrollar comportamientos financieros saludables. Al vivir dentro de sus posibilidades, las personas pueden recuperar el control de sus finanzas, generar ahorros y lograr una mayor estabilidad económica y tranquilidad.

Vale la pena señalar que incluso las personas ricas pueden gastar demasiado y enfrentar dificultades con la administración semanal del dinero. Por lo tanto, independientemente de su patrimonio neto, un gasto que supere las ganancias generará déficit.

Altos costos de vida

Hawái, California y Massachusetts se encuentran frecuentemente entre los cinco estados más caros, y muchas ciudades de California se encuentran entre los 25 primeros. Luego, existen clasificaciones globales, que pueden incluir su ubicación actual.

El costo de vida, incluidos la vivienda, los servicios públicos, la atención sanitaria y la educación, puede ser elevado en determinadas regiones. Los crecientes gastos y la inflación pueden superar rápidamente a los ingresos, dejando poco espacio para ahorros o fondos de emergencia.

Los altos gastos de subsistencia pueden contribuir significativamente a la escasez de sueldos, creando una situación en la que las personas luchan por cubrir sus costos a pesar de recibir ingresos regulares. Cuando los costos de vida exceden los ingresos, puede generar estrés financiero y una lucha constante para cubrir los gastos.

Deuda del consumidor

La deuda de los consumidores puede contribuir significativamente al estrés de sueldo a sueldo, ya que añade una carga financiera que las personas deben soportar mensualmente. Cuando se acumula la deuda de los consumidores, como los saldos de las tarjetas de crédito o los préstamos personales, puede resultar que una parte sustancial de los ingresos se dedique al pago de la deuda, dejando poco espacio para ahorrar o cubrir otros gastos esenciales. Por ejemplo, las altas tasas de interés pueden dificultar el avance financiero, obligando a las personas a destinar una parte importante de sus ingresos al servicio de la deuda. Alternativamente, pagar sólo el monto mínimo adeudado por las deudas de los consumidores puede llevar a un período de pago prolongado. Los pagos mínimos, si bien brindan un alivio temporal, a menudo sobrecargan los presupuestos mensuales, dejando a las personas con fondos limitados para otras cosas.

Ingresos insuficientes

Los ingresos insuficientes son un factor principal y sencillo comúnmente asociado con la escasez de sueldos semanales. Cuando los ingresos de una persona no son suficientes para cubrir los gastos esenciales, incluidos vivienda, servicios públicos, alimentos y otras necesidades básicas, a menudo se encuentran en una lucha constante para llegar a fin de mes. Por ejemplo, a las personas de bajos ingresos a menudo les resulta difícil crear un fondo de emergencia. Es posible que se vean obligados a depender de tarjetas de crédito o préstamos para cubrir gastos inesperados, lo que exacerba aún más sus obstáculos financieros.

Abordar los desafíos de vivir de sueldo en sueldo debido a ingresos insuficientes a menudo requiere un enfoque multifacético. Cubriremos formas de aumentar sus ingresos más adelante.

Sin fondo de emergencia

Hace poco leí un titular de prensa que decía que aproximadamente dos de cada tres estadounidenses no pueden cubrir una emergencia de $500. Sin embargo, sabemos que la vida está llena de sorpresas en forma de eventos no planificados. Entonces, aquí hay una desconexión.

Las emergencias imprevistas, como facturas médicas, reparaciones de automóviles, mantenimiento del hogar y problemas familiares, pueden afectar las finanzas. Las personas pueden utilizar crédito o recortar otras necesidades sin un fondo de emergencia para cubrir estos costos inesperados.

El establecimiento de un fondo de emergencia proporciona una red de seguridad, reduce la dependencia del crédito y mejora la resiliencia financiera general, ayudando a las personas a afrontar mejor los desafíos financieros y evitar déficits en sus cheques salariales.

Falta de ahorros

Los ahorros sirven como colchón financiero, proporcionando protección contra gastos inesperados, emergencias y fluctuaciones en los ingresos. Las personas con ahorros insuficientes o nulos pueden tener dificultades para afrontar los desafíos financieros.

Para liberarse del ciclo de déficit salarial debido a la falta de ahorros, uno debe reservar una parte de sus ingresos para ahorros, por ejemplo, $25 mensuales, para generar reservas de efectivo.

Presión social y de grupo

La presión social y de pares puede contribuir a vivir de cheque en cheque al influir en las personas para que se ajusten a ciertas normas de gasto, realicen compras aleatorias o prioricen la gratificación a corto plazo sobre la estabilidad financiera a largo plazo. El deseo de encajar, mantener un estilo de vida particular o cumplir con las expectativas sociales puede llevar a las personas a tomar decisiones financieras que pueden sobrecargar sus presupuestos y perpetuar la frustración con los sueldos semanales. Por ejemplo, Susy asiste semanalmente a un brunch con viejos amigos de la universidad en un restaurante caro. Si bien comprende la importancia de mantener amistades y establecer contactos, el costo del brunch pesa sobre sus finanzas.

Ejercicio: Causas fundamentales

Quiero que participes activamente en el cambio de tu suerte, y lo harás reflexionando y aplicando la información de este libro.

Su primera tarea es considerar las causas fundamentales mencionadas anteriormente y aquellas que se aplican a su caso. También puedes priorizarlos o ponderarlos para comprender los más problemáticos. Lo siguiente es un ejemplo.

Las razones de Bill para tener dificultades financieras:

1. Falta de disciplina financiera
2. Sin fondo de emergencia ni ahorros
3. Deuda de consumo (principalmente deuda estudiantil)

Sólo cuando comprenda sus desafíos subyacentes podrá buscar resolver cada asunto. Además, a lo largo de este libro obtendrá conocimientos y respuestas que le ayudarán a realizar la transición del sueldo a la libertad financiera.

MELANIE NEWELL

Capitulo 2
Inicio rápido sobre educación financiera

¡Felicidades! Estás mejorando e invirtiendo en tus conocimientos financieros al leer este libro. Eso es vital y algo que debe hacer con regularidad porque no hay forma de escapar de los asuntos financieros. En cambio, una persona depende de la economía y los recursos financieros para sobrevivir. Entonces, se puede decir que cada vida es, hasta cierto punto, una vida financiera.

La educación financiera lo prepara para navegar mejor en dicha vida financiera. Le brinda el conocimiento y las herramientas para optimizar las finanzas, lograr seguridad financiera y ganar tranquilidad.

Repasemos varios conceptos financieros fundamentales que respaldarán una mejor administración del dinero. Algunos de estos conceptos serán nuevos, mientras que otros serán una revisión.

Educación financiera

La educación financiera está disponible para cualquiera que la desee y el 99% de las veces es gratuita. Visite innumerables sitios web, blogs, canales de YouTube y feeds de redes sociales para obtener una dieta constante de información y consejos.

Los cursos en línea son abundantes y adecuados para personas que desean más estructura. Amazon ofrece libros de finanzas personales en tres formatos: libros electrónicos, impresos y audiolibros. Los bancos y las instituciones financieras ofrecen centros educativos, talleres, boletines y seminarios web mensuales. Finalmente, su biblioteca local tiene libros y programas que tratan sobre la administración del dinero. Por lo tanto, buscar educación financiera tiene más que ver con el grado de interés de una persona que con la disponibilidad de materiales.

¿Qué temas deberías comprender? Si bien el objetivo no es necesariamente convertirse en un experto financiero, querrá tener una comprensión conversacional de la administración diaria de efectivo, elaboración de presupuestos, deuda, crédito, ahorros, inversiones y planificación de la jubilación. Más conocimientos podrían incluir planificación financiera, seguros, impuestos y planificación patrimonial.

Elegir educadores financieros acreditados es crucial para adquirir información precisa y valiosa sobre la administración del dinero. A continuación se presentan factores vitales a considerar al seleccionar educadores financieros:

Busque educadores con calificaciones relevantes, como títulos en finanzas, economía o certificaciones en planificación financiera. Considere su experiencia profesional y conocimientos en el campo de las finanzas personales.

Compruebe si organizaciones o asociaciones industriales acreditadas reconocen al educador financiero. Busque afiliaciones con instituciones financieras, instituciones educativas o grupos profesionales reconocidos.

Explore reseñas en plataformas en línea, redes sociales o su sitio web para medir la satisfacción de los participantes anteriores. Busque comentarios de clientes anteriores o asistentes a sus talleres o cursos.

Evaluar el compromiso del educador con la transparencia y los estándares éticos.

Asegúrese de que cumplan con un código de ética y que los conflictos de intereses no influyan en su asesoramiento financiero.

Evaluar el contenido de sus materiales o cursos educativos para asegurarse de que cubran conceptos financieros prácticos y aplicables. Busque educadores que se centren en escenarios del mundo real y brinden consejos prácticos.

Considere el estilo de enseñanza del educador y si se alinea con su enfoque de aprendizaje preferido. Algunos educadores pueden utilizar métodos interactivos, estudios de casos o ejemplos de la vida real para mejorar la experiencia de aprendizaje.

Asegúrese de que el educador financiero proporcione recursos complementarios, como artículos, guías o herramientas, para respaldar el aprendizaje continuo. Asegúrese de que los recursos sean fácilmente accesibles y fáciles de usar.

Evaluar la capacidad del educador para comunicar conceptos financieros complejos de forma clara y atractiva. Busque educadores que fomenten la interacción, las preguntas y los debates durante sus sesiones.

La información financiera y las regulaciones cambian, así que elija educadores que se mantengan al día con las tendencias y actualizaciones de la industria. Busque publicaciones recientes, publicaciones de blogs u otros indicadores de desarrollo profesional y aprendizaje continuo.

Considere el costo del programa o servicios educativos en relación con el valor proporcionado. Evaluar si la inversión en educación financiera se alinea con la calidad y profundidad del contenido ofrecido.

Busque educadores que prioricen la inclusión y atiendan a audiencias diversas.

Compruebe si el educador financiero ofrece una política de reembolso o garantía de satisfacción, indicando su confianza en el valor de su oferta educativa.

Comience su viaje con los siguientes recursos:

- The Balance cubre finanzas personales con artículos y guías sobre elaboración de presupuestos, inversiones, impuestos y otras actividades financieras.
- Investopedia es un sitio web integral de educación financiera con artículos, tutoriales y contenido educativo que cubre diversos temas financieros, desde inversiones hasta economía.
- NerdWallet ofrece guías completas, calculadoras y artículos sobre diversos temas de finanzas

personales, incluidas tarjetas de crédito, banca, inversiones y seguros.
- Conocido por sus consejos de inversión y conocimientos sobre el mercado de valores, The Motley Fool ofrece recursos educativos sobre finanzas personales, inversiones y planificación de la jubilación.
- Vanguard Group, o Vanguard, es una de las empresas de gestión de inversiones más grandes del mundo. Visite sus páginas de recursos y educación para obtener consejos confiables.

Estos son cinco sitios web en un panorama de muchos. Entonces, si ninguno de ellos te resultó atractivo, no hay problema. Los educadores y el contenido vienen en todas las formas y tamaños. Por lo tanto, puede llevar tiempo encontrar una coincidencia. Es algo así como tener una cita. En segundo lugar, a diferencia de estudiar medicina o derecho, las finanzas personales ven menos novedades. Entonces, una vez que construyas una base sólida, buscarás información adicional a medida que tu vida avance. Por ejemplo, alguien que se jubila puede investigar los beneficios gubernamentales y de ingresos.

Fundamentos del dinero

El establecimiento de metas

El establecimiento de objetivos es un aspecto fundamental de la planificación y el alivio financieros eficaces, ya que proporciona a las personas una hoja de ruta para lograr los resultados deseados y garantizar el bienestar financiero a largo plazo. Establecer metas monetarias implica establecer objetivos claros, a corto o largo plazo, y crear un plan estratégico para alcanzarlos.

El establecimiento de objetivos proporciona dirección y propósito a las decisiones financieras. Ayuda a las personas a aclarar sus prioridades y centrarse en lo que más importa.

Tener objetivos financieros específicos proporciona motivación y disciplina. Las metas crean una sensación de urgencia y propósito, animando a las personas a tomar decisiones informadas e intencionales.

Las ambiciones financieras deben ser mensurables, permitiendo a las personas seguir su progreso a lo largo del tiempo. Este progreso cuantificable es una fuente de aliento y ayuda a las personas a mantener el rumbo.

Las metas sirven como guía para la toma de decisiones financieras. Cuando se enfrentan a opciones, las personas pueden evaluar las opciones en función de si se alinean con sus objetivos establecidos. Alcanzar los objetivos financieros contribuye a una sensación de logro y a un mejor bienestar financiero. Proporciona una base para la estabilidad y la seguridad económicas.

Los objetivos a corto plazo suelen tener un plazo de un año o menos. Pueden incluir crear un fondo de emergencia, pagar una pequeña deuda o ahorrar para unas vacaciones.

Los objetivos a largo plazo tienen un plazo de varios años o más. Los ejemplos incluyen comprar una casa, ahorrar para la educación de un niño o crear un fondo de jubilación.

La especificidad es fundamental para establecer objetivos. Por ejemplo, en lugar de un objetivo vago como "ahorrar dinero", especifique la cantidad que desea ahorrar y el propósito, por ejemplo, "ahorrar $5,000 para el pago inicial de una casa".

Ingreso

Los ingresos se refieren al dinero o las ganancias que un individuo recibe regularmente a cambio de bienes, servicios o trabajo. Es un aspecto crucial de las finanzas personales, ya que es la principal fuente de fondos para cumplir con diversas obligaciones, gastos y objetivos financieros. Los ingresos pueden provenir de múltiples fuentes, incluido el empleo, el trabajo por cuenta propia, las inversiones, las propiedades de alquiler y las actividades comerciales.

Los tipos de ingresos incluyen:

Los ingresos del trabajo se obtienen mediante la participación activa en actividades laborales o comerciales. Esto incluye sueldos, salarios, bonificaciones e ingresos del trabajo por cuenta propia.

Los ingresos pasivos se generan sin una participación activa en las actividades del día a día. Los ejemplos incluyen ingresos por alquileres, dividendos de inversiones, intereses de cuentas de ahorro y regalías de libros.

Los ingresos de la cartera se derivan de inversiones, como ganancias de capital, dividendos e intereses de acciones, bonos y otros valores.

Los ingresos comerciales provienen de la operación de un negocio. Esto incluye ganancias, ganancias y otras ganancias financieras de actividades comerciales.

Los ingresos no derivados del trabajo se reciben sin participación directa en su obtención. Esto incluye donaciones, herencias y ciertos beneficios gubernamentales como el Seguro Social o beneficios de desempleo.

Ingreso bruto versus ingreso neto

El ingreso bruto es el ingreso total de un individuo antes de restar las deducciones o los impuestos. Para los empleados, el ingreso bruto incluye el sueldo o salarios pactados en su contrato de trabajo. Para las personas que trabajan por cuenta propia, el ingreso bruto abarca los ingresos totales antes de deducir los gastos comerciales.

El ingreso neto o salario neto es el dinero que recibe una persona después de deducir los impuestos y otras deducciones obligatorias de su ingreso bruto. Los ingresos netos de los empleados aparecen en su cheque de pago después de las deducciones del impuesto sobre la renta, el Seguro Social, Medicare y otros beneficios. Para los trabajadores autónomos, el ingreso neto es la ganancia restante después de restar los gastos comerciales de los ingresos brutos.

Comprender el salario neto

1. Determine el ingreso bruto: identifique el ingreso bruto total y las ganancias antes de cualquier deducción.
2. Deducir el impuesto federal sobre la renta: restar la retención del impuesto federal sobre la renta en función de la renta imponible y los tramos impositivos del individuo.
3. Deducir impuestos estatales y locales: También se pueden deducir impuestos estatales y locales sobre la renta dependiendo de la ubicación del individuo.
4. Reste los impuestos FICA: deduzca los impuestos FICA (Ley Federal de Contribuciones al Seguro), que incluyen las contribuciones al Seguro Social y Medicare.
5. Cuenta para otras deducciones: considere cualquier deducción adicional, como primas de seguro médico, contribuciones de jubilación y otras deducciones voluntarias.
6. Calcule el ingreso neto: el resultado es el ingreso neto del individuo, o salario neto, que representa la cantidad real que recibe.

Tarea: revise su cheque de pago más reciente e identifique las deducciones.

Gastos

Los gastos se refieren a los costos o salidas monetarias en que incurren individuos, hogares, empresas u organizaciones para generar ingresos, mantener operaciones y satisfacer diversas necesidades y obligaciones. Para la mayoría de las personas, los gastos son inevitables porque nuestras necesidades básicas requieren comida y alojamiento para sobrevivir.

Los gastos se dividen en varias categorías: fijos, variables, no discrecionales, discrecionales, irregulares y deuda. Aquí hay unos ejemplos:

Gastos Fijos o Fijos:
Hipoteca o alquiler: Pagos mensuales de la vivienda.
Servicios públicos: Facturas periódicas de electricidad, agua, gas y otros servicios esenciales.

Gastos Variables o Fluctuantes:
Comestibles: Gasto en alimentos y artículos de primera necesidad.
Transporte: Costos relacionados con combustible, transporte público, mantenimiento y reparaciones.

Gastos no discrecionales o esenciales:
Servicios básicos: Servicios esenciales como agua, electricidad y calefacción.
Atención sanitaria: Costos relacionados con servicios médicos, recetas y seguros médicos.

Gastos discrecionales u opcionales:
Comer fuera: Dinero gastado en comidas en restaurantes o comida para llevar.
Viajes: Gastos relacionados con vacaciones, vuelos, hoteles y visitas turísticas.

Gastos Irregulares o Periódicos:
Mantenimiento de la vivienda: Costos de reparación y mantenimiento de la vivienda.
Mantenimiento del auto: Gastos por mantenimiento rutinario o reparaciones inesperadas.

Pagos de deuda o préstamo:
Pagos de préstamos para automóviles: Pagos mensuales de préstamos para automóviles.
Pagos de hipoteca: Pagos mensuales de un préstamo hipotecario.

Gestión de efectivo

La gestión de caja mensual radica en equilibrar ingresos y gastos. Idealmente, los ingresos deberían superar los costos, lo que permitiría ahorros e inversiones.
Crear un presupuesto es esencial para una gestión eficaz del efectivo. Implica enumerar todas las fuentes de ingresos y categorizar los gastos, lo que permite a las personas planificar sus gastos y garantizar que los costos no excedan los ingresos. Cubriremos esto más adelante.
Es fundamental controlar periódicamente tanto los ingresos como los gastos. Esto se puede hacer manualmente, con la ayuda de hojas de cálculo o utilizando aplicaciones y software de presupuesto. El seguimiento ayuda a identificar patrones de gasto, gastos innecesarios y posibles oportunidades de ahorro.
La gestión de efectivo mensual no es un proceso de configurar y olvidar. Requiere ajustes continuos para tener en cuenta cambios en los ingresos, gastos inesperados o cambios en las metas financieras. Ser flexible y estar dispuesto a ajustar el presupuesto es fundamental para mantener el equilibrio financiero.
Mantener la deuda bajo control es un aspecto esencial de la gestión del efectivo. Las deudas con intereses altos, como las de tarjetas de crédito, pueden afectar rápidamente sus ingresos, limitando su capacidad para cubrir gastos y ahorrar.

Deuda, crédito y préstamos

La mayoría de nosotros no somos herederos de fortunas. Por eso necesitamos préstamos y créditos para comprar cosas como ropa y casas.

La deuda, el crédito y los préstamos son fundamentales para las finanzas personales y la economía en general. Permiten a personas y empresas invertir, comprar bienes y servicios y gestionar el flujo de caja a lo largo del tiempo. Comprender los diferentes tipos de deuda es esencial para tomar decisiones informadas sobre el endeudamiento y la gestión eficaz de la deuda.

La deuda surge cuando un individuo, empresa u otra entidad pide dinero prestado y debe pagarlo al prestamista de acuerdo con los términos acordados. Esto generalmente incluye el reembolso del monto original prestado (el principal) más intereses, compensando al prestamista por el riesgo del préstamo y el valor temporal del dinero. Por ejemplo, Tom pide prestados $5,000 a una tasa porcentual anual o APR del 10%.

El crédito se refiere a la capacidad de pedir dinero prestado o acceder a bienes o servicios con el entendimiento de que el reembolso se producirá en el futuro. La solvencia, o la probabilidad de pago, generalmente se evalúa en función del historial crediticio, los ingresos y otros factores de una persona o entidad. El crédito puede presentarse en varias formas, incluidas tarjetas de crédito, líneas de crédito y préstamos.

Los préstamos son un tipo de deuda en la que un prestamista proporciona fondos a un prestatario, quien se compromete a reembolsar el monto principal y los intereses durante un período específico. Los préstamos se pueden utilizar para diversos fines, incluida la compra de una vivienda, la financiación de la educación o la financiación de una empresa comercial. Dar prioridad al pago de la deuda es crucial para la salud financiera.

Ahorros

Ahorrar implica reservar una parte de los ingresos en lugar de gastarla inmediatamente. Para necesidades a corto plazo o aspiraciones futuras, el ahorro es un aspecto fundamental de la planificación financiera.

Los ahorros sirven como base para un fondo de emergencia, proporcionando una red de seguridad financiera para cubrir gastos inesperados como facturas médicas, reparaciones de automóviles o pérdida de empleo.

La acumulación de ahorros contribuye a la seguridad financiera general, reduciendo la dependencia del crédito y mitigando el impacto de desafíos financieros imprevistos.

El ahorro permite a las personas trabajar para alcanzar objetivos específicos, como comprar una casa, financiar la educación, tomarse unas vacaciones o jubilarse cómodamente.

Tener ahorros brinda tranquilidad al saber que hay recursos financieros disponibles para manejar las incertidumbres de la vida y buscar oportunidades.

Los ahorros ayudan a las personas a evitar la dependencia de deudas con intereses altos cuando enfrentan gastos inesperados. Esto reduce el estrés financiero asociado con el pago de la deuda.

Las opciones de ahorro estándar incluyen cuentas bancarias, valores del mercado monetario (letras del tesoro, certificados de depósito, etc.) e inversiones (acciones, bonos, etc.).

Valor neto

El patrimonio neto es una métrica financiera que representa la diferencia entre los activos y pasivos de un individuo o entidad. En términos simples, es una medida de la riqueza y la posición económica de una persona. Para calcular el patrimonio neto, se restan los pasivos totales (deudas y obligaciones financieras) del activo total (todo lo que se posee con valor monetario). El resultado puede ser positivo, negativo o cero.

Aquí está la fórmula para calcular el patrimonio neto:

Patrimonio neto = Activos totales - Pasivos totales

Activos totales: esto incluye todo lo que posee un individuo o entidad, como efectivo, inversiones, bienes raíces, vehículos, posesiones personales y otros artículos valiosos.

Pasivos totales: comprende todas las deudas y obligaciones financieras, incluidas hipotecas, préstamos, saldos de tarjetas de crédito y otros pasivos pendientes.

Un patrimonio neto positivo indica que los activos superan a los pasivos, lo que refleja salud financiera y riqueza. Por el contrario, un patrimonio neto negativo significa que los pasivos superan a los activos, lo que sugiere endeudamiento financiero. El patrimonio neto es una métrica valiosa para evaluar el progreso financiero y establecer objetivos.

Impuestos

Los impuestos desempeñan un papel crucial en el funcionamiento de las economías y los gobiernos de todo el mundo. Son la principal fuente de ingresos de los gobiernos, lo que les permite financiar servicios públicos, infraestructura y diversos programas. Comprender los conceptos básicos de los impuestos es esencial para que las personas y las empresas cumplan con las leyes tributarias, administren sus finanzas de manera efectiva y tomen decisiones financieras informadas.

Las categorías de impuestos incluyen ingresos, ventas, propiedad, corporativo, impuestos especiales, nómina, ganancias de capital y patrimonio.

Las personas físicas deben presentar declaraciones de impuesto sobre la renta anualmente, informando sus ingresos, deducciones y créditos. Pueden reducir sus ingresos imponibles reclamando deducciones por gastos calificados y créditos para situaciones específicas, como educación o eficiencia energética.

Ya sea que sus asuntos fiscales sean sencillos o complicados, vale la pena contar con contadores o asesores fiscales competentes que trabajen en su nombre para navegar por leyes fiscales complejas y garantizar el cumplimiento.

Inflación

La inflación en el contexto de las finanzas personales puede compararse con el aumento lento pero constante del costo de vida a lo largo del tiempo. Imagínate ir a tu cafetería favorita y descubrir que el precio de tu café favorito ha aumentado. Cuando ocurre en todos los ámbitos de la mayoría de los bienes y servicios, este aumento de precios refleja la inflación en funcionamiento.

Idealmente, sus ingresos deberían aumentar al menos tan rápido como la inflación. Si sus aumentos salariales están por debajo de la tasa de inflación, efectivamente estará ganando menos con el tiempo, lo que dificultará mantenerse al día con el creciente costo de vida. Negociar su salario o buscar oportunidades mejor pagadas se vuelve crucial durante una inflación alta.

Es posible que deba ajustar su presupuesto diariamente para adaptarse a precios más altos en artículos esenciales como comestibles, gasolina y servicios públicos. Esto podría significar recortar gastos no esenciales o encontrar formas de aumentar sus ingresos.

El impacto más directo de la inflación en las finanzas personales es que, con el tiempo, la misma cantidad de dinero permitirá comprar menos bienes y servicios. Si la inflación es del 3% anual, algo que cuesta 100 dólares ahora costará 103 dólares dentro de un año. Puede que esto no parezca mucho al principio, pero con el paso de los años, el efecto se agrava y reduce significativamente su poder adquisitivo.

Poner dinero debajo del colchón o en una cuenta que no devenga intereses significa que perderá valor en términos reales con el tiempo debido a la inflación. Si sus ahorros no crecen a un ritmo que supere la inflación, en la práctica está perdiendo dinero. Por ejemplo, si tiene $1000 ahorrados y la inflación es del 3%, necesitará $1030 el próximo año para tener el mismo poder adquisitivo. Si sus ahorros no crecen al menos en esta cantidad, su dinero comprará menos.

Al considerar invertir, uno de sus objetivos debe ser elegir inversiones que crezcan más rápido que la inflación. Esto significa buscar oportunidades de inversión que ofrezcan rendimientos que no sólo sean positivos sino también superiores a la tasa de inflación para garantizar que el poder adquisitivo de su dinero crezca con el tiempo.

El seguro

El seguro ofrece protección contra eventos imprevistos que de otro modo podrían provocar reveses financieros importantes, incluidos accidentes, enfermedades o daños a la propiedad. El seguro brinda tranquilidad al saber que uno está protegido financieramente contra diversos riesgos. Esta sensación de seguridad permite a las personas concentrarse en sus objetivos sin preocuparse constantemente por posibles dificultades financieras.

El seguro ayuda a proteger activos valiosos, como viviendas, vehículos y negocios, al cubrir los costos de reparación o reemplazo en caso de daño o pérdida.

Algunos tipos de seguro, como el seguro de automóvil, son obligatorios por ley en muchas jurisdicciones. La cobertura necesaria garantiza el cumplimiento de la normativa y protege a las personas de consecuencias legales.

Los tipos comunes de seguros incluyen los siguientes:

- El seguro médico cubre los gastos médicos, incluidas hospitalizaciones, cirugías y medicamentos recetados. Ayuda a las personas a gestionar los elevados costes sanitarios y promueve controles médicos periódicos y atención preventiva.
- El seguro de vida proporciona un pago financiero a los beneficiarios en caso de fallecimiento del asegurado. Está asegurado para dar apoyo económico a dependientes, cubrir gastos funerarios y saldar deudas.
- El seguro de discapacidad proporciona reemplazo de ingresos si una persona no puede trabajar debido a una discapacidad. Garantiza la estabilidad financiera durante períodos de ingresos reducidos o perdidos.
- El seguro de atención a largo plazo cubre los costos asociados con la vida asistida, la atención en un hogar de ancianos o la atención médica domiciliaria para personas que necesitan atención prolongada debido al envejecimiento o una enfermedad.
- El seguro para propietarios de vivienda protege contra daños a una casa y su contenido debido a incendio, robo o desastres naturales. El seguro para inquilinos cubre las pertenencias personales en una propiedad alquilada.
- El seguro de automóvil protege contra pérdidas financieras por accidentes automovilísticos, robo o daños. Cubre responsabilidad civil, daños a la propiedad y gastos médicos.
- El seguro de responsabilidad protege contra reclamaciones legales y pérdidas financieras resultantes de la responsabilidad personal por lesiones o daños a otros. Es común en seguros de automóviles y de propietarios de viviendas.

Ejercicio: Educación financiera 102

Hemos cubierto algunos temas y conceptos financieros esenciales para ayudarlo a comprender mejor sus asuntos financieros. Por ejemplo, comprender la diferencia entre gastos discrecionales y no discrecionales puede ayudar a reducir los gastos opcionales.

En este ejercicio, quiero que encuentre dos recursos de aprendizaje financiero que utilizará semanalmente para mejorar su inteligencia y disciplina financieras. Puede ser un sitio web o un YouTuber que le atraiga, por ejemplo, una asesora financiera de unos 30 años en YouTube. Suscríbase para recibir notificaciones de contenido nuevo y haga de la educación financiera una parte emocionante de su semana.

Alternativamente, puede crear un plan de aprendizaje que describa lo que hará semanal o mensualmente para desarrollar sus conocimientos financieros. Por ejemplo, pasará dos horas leyendo un libro de finanzas personales semanalmente y completará un libro mensualmente durante tres meses.

Capítulo 3
Presupuesta tu camino hacia la libertad

A menos que sepas preparar una comida de memoria, seguirás una receta para asegurarte de que quede deliciosa. Comparo un presupuesto con una receta en el sentido de que orienta e informa sobre la gestión eficiente del dinero. Un presupuesto también le permite establecer objetivos realistas porque sabrá cuál es su situación financiera mensualmente.

Exploremos la elaboración de presupuestos, las técnicas y el establecimiento de objetivos en este capítulo.

Presupuesto

Un presupuesto es un plan financiero que describe sus ingresos y gastos esperados durante un período específico, generalmente mensual o anual. Sirve como una hoja de ruta para administrar y asignar sus recursos financieros, ayudándolo a lograr sus deseos financieros y controlar su dinero. Un presupuesto bien diseñado considera los gastos regulares e irregulares, lo que le permite tomar decisiones informadas sobre gastos y ahorros.

Las ventajas de presupuestar incluyen las siguientes:

Un presupuesto proporciona una visión clara de su situación financiera, lo que le permite monitorear y controlar sus gastos. Este control ayuda a prevenir el gasto excesivo y promueve una gestión financiera responsable.

Al establecer objetivos financieros específicos dentro de su presupuesto, puede trabajar para lograr objetivos como ahorrar para unas vacaciones, pagar deudas o crear un fondo de emergencia.

Crear un presupuesto lo alienta a realizar un seguimiento y comprender sus gastos. Esta conciencia ayuda a identificar gastos innecesarios y áreas en las que puede recortar y, en última instancia, ahorrar dinero.

Un presupuesto le permite asignar fondos para el pago de la deuda. Ayuda a priorizar las deudas con intereses altos y reducirlas o eliminarlas sistemáticamente, mejorando la salud financiera.

Hacer un presupuesto le permite asignar parte de sus ingresos a ahorros e inversiones. Ya sea que se ahorre para objetivos a corto plazo, como comprar un nuevo dispositivo, o para objetivos a largo plazo, como la jubilación, un presupuesto garantiza un ahorro intencional.

La creación de un fondo de emergencia es un componente crucial del presupuesto. Un colchón financiero le permite afrontar gastos inesperados sin pedir prestado, lo que contribuye a la estabilidad financiera.

Con un presupuesto, puede tomar decisiones de gastos informadas y priorizar los gastos según sus previsiones financieras. Esta claridad reduce el gasto impulsivo y fomenta decisiones financieras reflexivas.

Cómo crear un presupuesto

1. Determine su ingreso mensual total. Incluya todas las fuentes de ingresos, como salarios, bonificaciones, trabajos secundarios o ingresos por inversiones. Esto le brinda un punto de partida para hacer un presupuesto.
2. Clasifique sus gastos en categorías fijas y variables. Los costos fijos incluyen alquiler o hipoteca, servicios públicos y pagos de préstamos. Los gastos variables incluyen comestibles, entretenimiento y gastos discrecionales.
3. Prioriza tus gastos según su importancia. Los gastos esenciales como vivienda, servicios públicos y alimentos deben ser lo primero. Los gastos no esenciales o discrecionales se pueden ajustar según sus objetivos financieros.

Realice un seguimiento regular de sus gastos y compárelos con su presupuesto. Esto ayuda a identificar áreas en las que puede estar gastando demasiado o donde se pueden hacer ajustes. Existen varias herramientas y aplicaciones de elaboración de presupuestos que pueden simplificar este proceso.

Sea flexible con su presupuesto. Las circunstancias y prioridades de la vida pueden cambiar, lo que requerirá ajustes en su plan de gastos. Revise y actualice periódicamente su presupuesto para alinearlo con sus ambiciones financieras.

A continuación se muestra un ejemplo del presupuesto mensual de Laura:

Ingresos: $3,000
Gastos:
• Alquiler: $2,000
• Servicios públicos: $300
• Alimentos: $300
• Préstamo estudiantil: $200
• Entretenimiento: $100
Resto: $100

En este ejemplo, quedan $100 al final de cada mes. Además, Laura gasta $100 en entretenimiento, como salir con amigos o ver películas en el cine, lo cual es un gasto discrecional. Laura puede ver la relación entre sus ingresos y gastos y puede tomar decisiones para optimizar sus finanzas. Por ejemplo, podría reducir sus gastos de entretenimiento para liquidar su préstamo estudiantil mucho más rápido o crear un fondo de emergencia.

Crear un presupuesto permite obtener beneficios adicionales porque comprenderá mejor sus entradas y salidas. Aquí hay dos ventajas más:

Puede identificar objetivos financieros a corto y largo plazo. Ya sea para pagar deudas, ahorrar para unas vacaciones o invertir para la jubilación, tener objetivos claros dirige su presupuesto.

Puedes establecer un fondo de emergencia para cubrir gastos inesperados. Trate de cubrir los gastos de manutención de tres a seis meses para proporcionar una red de seguridad financiera.

Métodos de presupuestación

Se pueden emplear varios métodos para crear un presupuesto y la elección a menudo depende de las preferencias personales y las aspiraciones financieras. A continuación se presentan varios enfoques presupuestarios comunes.

Presupuesto tradicional: asigne montos específicos a diferentes categorías de gastos según sus prioridades de ingresos y gastos.

Presupuesto 50/30/20: asigne el 50% de sus ingresos a las necesidades, el 30% a los deseos y el 20% a los ahorros y el pago de deudas.

Presupuesto de base cero: Asigne cada dólar de sus ingresos a categorías específicas, asegurándose de que sus ingresos menos los gastos sean iguales a cero.

Sistema de sobres: asigne efectivo en sobres (o frascos) para categorías de gasto específicas. Una vez que el sobre está vacío, el gasto en esa categoría se agota hasta el siguiente período presupuestario.

Presupuesto basado en porcentajes: asigne porcentajes fijos de sus ingresos a diferentes categorías de gastos, como vivienda, transporte y ahorros.

Presupuesto quincenal o mensual: cree un presupuesto basado en su frecuencia de pago (quincenal o mensual).

Aplicaciones de elaboración de presupuestos automatizadas: utilice aplicaciones de elaboración de presupuestos que categoricen automáticamente los gastos, realicen un seguimiento de los gastos y proporcionen información.

Presupuesto incremental: ajuste gradualmente su presupuesto en función de los cambios en los ingresos, los gastos o las metas financieras; por ejemplo, un vendedor cuyos ingresos fluctúan mensualmente.

Presupuesto del fondo de emergencia: priorice la creación y el mantenimiento de un fondo de emergencia antes de asignar fondos a otras categorías de gastos.

Páguese usted mismo primero: asigne una parte de sus ingresos a ahorros y pago de deudas antes de presupuestar otros gastos.

Cumplir con su presupuesto

La forma más rápida de no avanzar es crear un presupuesto y no ceñirse a él. Lo entiendo; cambiar los hábitos financieros y de gasto puede llevar tiempo. Sin embargo, ahora es el momento de abrazar un mejor futuro financiero y una mayor estabilidad.

Establezca objetivos financieros claros que su presupuesto pretende alcanzar, ya sea ahorrando para unas vacaciones, pagando deudas o creando un fondo de emergencia, tener objetivos claros proporciona motivación.

Asegúrese de que su presupuesto refleje sus ingresos y gastos reales de manera realista. Sobreestimar o subestimar puede generar frustración y desvíos de su plan financiero.

Reconozca y celebre los hitos a lo largo del camino. Reconocer sus logros, incluso los pequeños, refuerza el comportamiento financiero positivo.

Comparta su presupuesto y sus sueños financieros con un familiar, amigo o socio responsable. Hablar de su progreso con alguien puede brindarle apoyo y motivación.

El establecimiento de metas

El establecimiento de objetivos es fundamental para las finanzas personales, ya que proporciona una hoja de ruta para el éxito financiero y guía la toma de decisiones. Al establecer objetivos financieros, es esencial ser específicos, mensurables, alcanzables, relevantes y con plazos determinados. Las ambiciones claras y bien definidas ayudan a las personas a mantenerse concentradas, motivadas y en control de su bienestar financiero. Las metas son las que nos llevan de un lugar a otro. Entonces, sin ellos, somos susceptibles a la incertidumbre financiera.

Los objetivos financieros son altamente individuales y es crucial adaptarlos a sus circunstancias, prioridades y aspiraciones específicas. Además, su objetivo o objetivos deben ser alcanzables y estar sujetos a su presupuesto para evitar el estrés.

Beneficios de establecer metas

Las metas financieras brindan claridad sobre lo que desea lograr con su dinero. Le brindan una dirección y un enfoque claros, ayudándolo a tomar decisiones intencionales de gasto, ahorro e inversión.

Las metas sirven como poderosos motivadores. Un objetivo financiero específico crea una sensación de propósito que lo impulsa a mantenerse disciplinado en sus hábitos financieros. Esta motivación puede ayudarte a superar desafíos y sacrificios para lograr tus deseos.

Establecer montos financieros le ayuda a priorizar sus gastos. Cuando tienes objetivos claros, puedes distinguir entre gastos esenciales y no esenciales, lo que facilita la asignación de recursos de manera eficiente.

Los objetivos sirven como base para una elaboración presupuestaria y una planificación financiera eficaces. Proporcionan un marco para crear un presupuesto que se alinee con sus objetivos, asegurando que asigne recursos para cumplir con sus prioridades financieras.

Las ambiciones financieras a menudo incluyen la creación de un fondo de emergencia. Este fondo es una red de seguridad financiera que proporciona un colchón para cubrir gastos inesperados sin descarrilar su plan financiero general.

Los objetivos relacionados con el pago de la deuda contribuyen a la libertad e independencia financiera. Al establecer objetivos para reducir o eliminar la deuda, se trabaja para liberar recursos que pueden redirigirse al ahorro, la inversión u otros deseos financieros.

Los objetivos financieros fomentan el ahorro y la inversión regulares. Ya sea que ahorre para objetivos a corto plazo, como unas vacaciones, o metas a largo plazo, como la jubilación, tener objetivos específicos genera contribuciones consistentes a cuentas de ahorro e inversión.

Las metas proporcionan una base para medir el progreso. Evaluar periódicamente hasta qué punto ha logrado sus objetivos le ayuda a mantener el rumbo, celebrar los hitos y realizar los ajustes necesarios.

Con intenciones financieras claras, la toma de decisiones se vuelve más sencilla. Cuando se enfrente a opciones financieras, puede evaluar si se alinean con sus objetivos, lo que le ayudará a tomar decisiones estratégicas e informadas.

Alcanzar las ambiciones financieras contribuye a una mayor seguridad financiera. Ya sea crear un fondo de emergencia, pagar deudas o ahorrar para la jubilación, cada objetivo alcanzado mejora su resiliencia financiera general.

Las metas financieras son componentes esenciales de un plan financiero a largo plazo. Al establecer y alcanzar estos objetivos, trabajará hacia el éxito financiero a largo plazo, incluida la independencia financiera y la capacidad de satisfacer sus necesidades y aspiraciones futuras.

El logro de objetivos financieros aporta una sensación de satisfacción y bienestar personal. Saber que ha administrado exitosamente su dinero y logrado lo que se propuso lograr aumenta la felicidad y la tranquilidad.

A continuación se muestran varios ejemplos de objetivos.

Objetivo: Reducción de Gastos
Específico: Recortar el gasto discrecional mensual en un 20%.
Medible: Realice un seguimiento y analice los gastos discrecionales con regularidad.
Alcanzable: Identificar áreas para la reducción de costos y ajustar los hábitos de gasto.
Relevante: Libera fondos adicionales para ahorros y metas.
Con plazos determinados: Lograr una reducción del 20% en el gasto discrecional en un plazo de tres meses.

Objetivo: Aumento de ingresos
Específico: Aumentar los ingresos por actividades secundarias en un 25%.
Medible: Realice un seguimiento de los ingresos de una actividad secundaria y establezca objetivos específicos.
Alcanzable: Explore oportunidades para expandir el trabajo secundario o adquirir nuevas habilidades.
Relevante: Mejora los ingresos generales y la estabilidad financiera.
Con límite de tiempo: Lograr un aumento del 25 % en los ingresos de mi trabajo secundario durante el año siguiente.

Objetivo: Pago de la deuda
Específico: Pague $5,000 en deudas de tarjetas de crédito con intereses altos.
Medible: Realice un seguimiento de los pagos mensuales de la deuda y controle los saldos decrecientes.
Alcanzable: Crear un plan de pago de deuda y asignar fondos adicionales del presupuesto.
Relevante: Reduce el estrés financiero y ahorra intereses.

Con plazo determinado: Elimine $5,000 en deudas de tarjetas de crédito en un plazo de 18 meses.

Objetivo: Fondo de Emergencia
Específico: Ahorrar tres meses de gastos de manutención en un fondo de emergencia.
Medible: Realice un seguimiento del progreso mensualmente reservando una cantidad fija.
Alcanzable: Ajustar mi presupuesto para destinar un porcentaje de los ingresos al fondo de emergencia.
Relevante: Proporciona una red de seguridad financiera para gastos inesperados.
Con límite de tiempo: Lograr la meta dentro de los próximos 12 meses.

Meta: Ahorros para la jubilación
Específico: Aportar el 15% de los ingresos anuales a una cuenta de jubilación.
Medible: Realice un seguimiento de las contribuciones anuales y controle el crecimiento de la cuenta de jubilación.
Alcanzable: Ajustar mi presupuesto para dar cabida a mayores ahorros para la jubilación.
Relevante: Crea un fondo de jubilación sólido para la seguridad financiera futura.
De duración determinada: Contribuir con el 15% anual a la jubilación durante los próximos cinco años.

Implementación

Priorizar los objetivos en función de su importancia y urgencia. Esto ayuda a las personas a asignar recursos de manera efectiva y concentrarse en los objetivos más críticos.
Revise periódicamente su progreso hacia cada objetivo financiero. Utilice estados financieros, saldos de cuentas o herramientas de seguimiento para controlar qué tan cerca está de lograr objetivos específicos. Las circunstancias de la vida cambian y es posible que los planes necesiten ajustes. Esté

abierto a modificar sus objetivos en función de cambios en los ingresos, la estructura familiar o eventos inesperados.

Celebre los logros a lo largo del camino. Reconocer los hitos, incluso los pequeños, refuerza el compromiso con las metas financieras.

Reevalúe periódicamente sus prioridades financieras. A medida que las circunstancias evolucionan, sus deseos y prioridades pueden cambiar, lo que requerirá ajustes en su plan financiero.

Considere consultar con profesionales financieros al revisar y ajustar los objetivos. Los asesores financieros pueden brindarle información y orientación para garantizar que su plan se alinee con sus aspiraciones.

Ejercicio: Su presupuesto

Para este ejercicio, creará un presupuesto. Recomiendo mantener su presupuesto simple usando un bloc de notas o una hoja de cálculo electrónica como Microsoft Excel o Google Sheets. Si está preparado para el desafío, es posible que desee buscar y utilizar una aplicación de presupuesto. Sin embargo, a veces, las aplicaciones pueden descarrilar a las personas antes de comenzar.

A continuación, establezca dos objetivos que desee alcanzar en un plazo de 12 meses. Utilice su presupuesto para formular objetivos realistas que impactarán sus finanzas, reduciendo la necesidad de vivir de sueldo en sueldo. Por ejemplo, desea reducir sus gastos en un 15% mensual. Además, enumere las actividades que implementará para lograr su objetivo. Por ejemplo, sustituirá productos alimenticios de marca por genéricos o marcas privadas. Eliminará algunos gastos no esenciales hasta que pueda costearlos fácilmente.

Aquí hay una lista amplia de gastos para ayudarlo a crear su presupuesto:

Alojamiento:
Hipoteca o alquiler
Impuestos a la propiedad (si no están incluidos en la hipoteca)
Seguro de propietarios o inquilinos
Mantenimiento y reparaciones del hogar

Utilidades:
Electricidad
Gas
Agua y alcantarillado
La recolección de basura
Internet y televisión por cable/satélite

Comestibles:
Alimentos para consumo en el hogar
Artículos de tocador y artículos para el hogar

Comunicación:
Facturas de telefono movil
Facturas de teléfono fijo

Transporte:
Pagos de préstamos o arrendamientos de automóviles
Costos de gasolina o transporte público
Seguro de auto
Mantenimiento y reparaciones
Tarifas de estacionamiento

Seguro:
Primas de seguro médico
Primas de seguros de vida
Primas del seguro de invalidez
Otras pólizas de seguro (por ejemplo, atención dental y de la vista)

Pagos de deuda:
pagos con tarjeta de crédito

Pagos de préstamos estudiantiles
Pagos de préstamos personales
Otros pagos de préstamos

Cuidado de niños/cuidado de dependientes:
Gastos de guardería o guardería
Costos de niñera o niñera

Salud y Bienestar:
Membresías de gimnasio o fitness
Medicamentos recetados
Gastos relacionados con la salud (por ejemplo, vitaminas y suplementos)

Cuidado personal:
Cortes de pelo y servicios de peluquería.
Productos de aseo personal

Servicios de suscripción:
Servicios de streaming (Netflix, Hulu, etc.)
Suscripciones a revistas o periódicos
Suscripciones de software

Educación:
Pagos de matrícula o préstamos estudiantiles
Materiales educativos o cursos

Entretenimiento:
Salir a cenar y hacer pedidos
Películas, conciertos o eventos
Pasatiempos y actividades recreativas

Ahorros:
Contribuciones al fondo de emergencia
Aportes al ahorro para el retiro
Otros objetivos de ahorro (por ejemplo, fondo para viajes o compra de vivienda)

Misceláneas:
Ropa y artículos personales
Regalos o donaciones caritativas
Gastos de mascotas (comida, atención veterinaria, etc.)

Impuestos:
Impuestos sobre la renta (si no se retienen de su cheque de pago)
Impuestos a la propiedad (si no están incluidos en la hipoteca)

Tarifas financieras:
comisiones bancarias
Tarifas de tarjeta de crédito
Tarifas de la cuenta de inversión

MELANIE NEWELL

Capítulo 4
Cuidando tus recursos

Estás viviendo más allá de tus posibilidades si ganas $45,000 al año y gastas $45,001. De manera similar, lo mismo ocurre si usted gana $6,000 mensuales y gasta $6,001.

Vivir por encima de sus posibilidades se refiere a personas u hogares que gastan más dinero del que sus ingresos pueden soportar cómodamente. Esto a menudo conduce a gastos que exceden los recursos disponibles, lo que resulta en una dependencia del crédito o la acumulación de deudas para mantener un estilo de vida particular.

Este capítulo analiza las causas comunes y las soluciones del gasto excesivo para alinear sus ingresos y gastos.

Causas y soluciones

Sin presupuesto

Un presupuesto actúa como una brújula para guiar sus entradas y salidas. Por lo tanto, sin un presupuesto, es posible que las personas no comprendan claramente sus ingresos, gastos y situación financiera general. Esta falta de conciencia puede dificultar la toma de decisiones financieras informadas y responsables.

Un presupuesto permite a las personas priorizar sus gastos en función de las necesidades esenciales y los objetivos financieros. Sin esta estructura, es arriesgado asignar fondos impulsivamente, descuidar obligaciones financieras críticas y gastar en artículos no esenciales.

Los presupuestos proporcionan una herramienta para una planificación financiera eficaz. Sin un plan, las personas pueden tener dificultades para afrontar desafíos financieros inesperados o planificar gastos futuros, lo que genera un mayor riesgo de vivir por encima de sus posibilidades.

Solución: Crear y mantener un presupuesto es esencial para evitar vivir más allá de sus posibilidades. Un presupuesto fomenta el gasto responsable y empodera a las personas para tomar decisiones financieras informadas, contribuyendo en última instancia a un futuro financiero más estable y seguro.

Falta de disciplina

La disciplina financiera implica tomar decisiones que se alineen con objetivos y prioridades a largo plazo, incluso cuando se enfrenten tentaciones o dificultades a corto plazo. Sin él, las personas pueden quedar atrapadas en un ciclo de gasto excesivo y caos financiero.

Sin disciplina, es fácil ceder a las compras impulsivas, comprar artículos por capricho en lugar de hacerlo según una necesidad o una toma de decisiones planificada. Esto puede llevar a gastar dinero que debería destinarse a gastos o ahorros esenciales.

La tentación de utilizar las tarjetas de crédito para una gratificación inmediata en lugar de como una herramienta para compras planificadas puede llevar a la acumulación de deudas. Las personas pueden incurrir en altos intereses y tarifas sin disciplina para liquidar sus saldos en su totalidad, lo que exacerba su tensión financiera.

Crear y respetar un presupuesto requiere disciplina. Sin él, existe una tendencia a gastar de más en varias categorías sin realizar un seguimiento o control de los gastos, lo que dificulta vivir dentro de sus posibilidades.

La disciplina financiera es crucial para establecer y lograr objetivos financieros a corto y largo plazo. La falta de disciplina dificulta el progreso hacia objetivos importantes como comprar una casa, invertir o ahorrar para la jubilación.

La falta de disciplina puede justificar gastos innecesarios como necesidades más que como deseos. Esta racionalización puede llevar a priorizar el gasto discrecional sobre los compromisos y deseos financieros esenciales.

La disciplina es necesaria para abordar los problemas financieros de manera proactiva. Sin él, puede haber una tendencia a ignorar o posponer la solución de los problemas financieros, lo que les permitirá empeorar con el tiempo.

Sin la disciplina para controlar el gasto, cualquier aumento de los ingresos puede conducir a aumentos proporcionales del gasto, un fenómeno conocido como inflación del estilo de vida. Esto impide mejorar la situación financiera, incluso con mayores ingresos.

Solución: Cultivar la disciplina financiera implica crear un presupuesto, establecer objetivos financieros claros, distinguir entre deseos y necesidades y desarrollar hábitos que respalden la salud económica a largo plazo, como ahorrar regularmente y administrar la deuda de manera inteligente. Desarrollar la disciplina financiera es un proceso gradual, pero es esencial para evitar los peligros de vivir más allá de los propios medios y lograr estabilidad y libertad financieras.

Consumismo

El consumismo, caracterizado por una cultura que otorga un gran valor a la adquisición de bienes y servicios, puede contribuir significativamente a vivir más allá de sus posibilidades. Este fenómeno está impulsado por la búsqueda constante de posesiones materiales, a menudo impulsada por el marketing, la presión social y el deseo de gratificación instantánea.

El consumismo promueve la idea de que adquirir más posesiones conduce a la felicidad o al estatus social. Esto puede resultar en gastos impulsivos en artículos no esenciales, a menudo impulsados por el deseo de estar a la última en tendencias o mejorar el estilo de vida.

El aspecto social del consumismo a menudo implica compararse con los demás y esforzarse por mantener un estilo de vida particular. Esto puede llevar a gastar demasiado para mantenerse al día con amigos, vecinos o expectativas sociales, incluso cuando excede la capacidad financiera. Esto a menudo se conoce como "mantenerse al día con los vecinos".

El consumismo tiende a enfatizar la satisfacción de deseos más que de necesidades. Las personas influenciadas por esta mentalidad pueden priorizar el gasto discrecional en artículos de lujo, entretenimiento o servicios no esenciales sobre los gastos esenciales y las responsabilidades financieras.

El consumismo a menudo proporciona una sensación fugaz de satisfacción derivada de la adquisición de nuevas posesiones. Esto puede llevar a un ciclo continuo de búsqueda de felicidad temporal a través de compras sin considerar el impacto financiero a largo plazo.

Un fuerte enfoque en las posesiones materiales y en un estilo de vida lujoso puede llevar a las personas a priorizar el gasto en artículos tangibles en lugar de generar seguridad financiera, ahorrar o invertir para el futuro.

Las campañas agresivas de publicidad y marketing desempeñan un papel importante en la promoción del consumismo. La exposición constante a mensajes que resaltan el atractivo de los productos puede contribuir a compras impulsivas y gastos imprudentes.

En algunas sociedades, el consumismo está profundamente arraigado en las expectativas culturales. Mantenerse al día con las normas y expectativas sociales puede presionar a las personas a gastar más allá de sus posibilidades para alcanzar los estándares percibidos de éxito y felicidad.

El consumismo a menudo conduce a un consumo excesivo, lo que contribuye a problemas ambientales como el desperdicio y el agotamiento de los recursos. Irónicamente, el consumismo excesivo puede tener consecuencias más amplias que las finanzas personales.

Solución: Para mitigar los efectos adversos del consumismo en las finanzas personales, las personas pueden adoptar un enfoque de gasto más consciente e intencional. Esto incluye distinguir entre deseos y necesidades, crear un presupuesto, practicar la gratificación retrasada y priorizar las metas financieras sobre los deseos materiales a corto plazo. Desarrollar conocimientos financieros y resiliencia puede empoderar a las personas para resistir las presiones del consumismo y tomar decisiones informadas que se alineen con su bienestar financiero a largo plazo.

Otra tendencia creciente es el minimalismo, que se centra en priorizar la calidad por encima de la cantidad. Los minimalistas seleccionan cuidadosamente los artículos, asegurándose de que todo lo que poseen tenga un propósito y mejore su experiencia. Además, un estilo de vida minimalista identifica lo esencial en tu vida y tiene el coraje de eliminar el resto.

Presión social y de grupo

La presión social y de grupo puede influir significativamente en las decisiones financieras de un individuo, lo que a menudo lleva a la tentación de vivir más allá de sus posibilidades. El deseo de ajustarse a las expectativas de la sociedad o cumplir con los estándares establecidos por sus pares puede crear hábitos financieros que pueden no estar alineados con la capacidad financiera real de uno.

Las personas suelen comparar sus estilos de vida con los de sus pares o círculos sociales. La presión para mantener o elevar el nivel de vida propio para igualarlo al de otros puede llevar a un aumento del gasto en artículos no esenciales, bienes de estatus o experiencias que pueden no ser asequibles.

El miedo a perderse eventos, reuniones o experiencias sociales puede impulsar el gasto impulsivo. Las personas pueden sentirse obligadas a participar en actividades o comprar artículos para evitar sentirse excluidas, incluso si esto afecta su presupuesto.

La presión social y de grupo a menudo anima a las personas a mantenerse al día con las tendencias y modas pasajeras. Esto puede resultar en compras regulares de artículos de moda, incluso si son de corta duración, lo que lleva a un ciclo continuo de gasto.

Los hitos y logros entre pares, como bodas, vacaciones o celebraciones extravagantes, pueden crear presión para igualar o superar estas experiencias. Los individuos pueden gastar demasiado en eventos similares para mantener un sentido de paridad social.

Buscar la aprobación de los pares puede influir en las decisiones de gasto. Las personas pueden sentirse inclinadas a comprar productos o servicios respaldados por sus círculos sociales, independientemente de si se alinean con sus necesidades, ideales o prioridades financieras.

El deseo de estatus o aceptación social puede impulsar el gasto en símbolos de estatus, como ropa de diseñador, accesorios de lujo o dispositivos de alta gama. Esta búsqueda de estatus puede generar tensiones financieras a medida que las personas priorizan la validación externa sobre el pragmatismo financiero.

Los círculos sociales a menudo crean una percepción de la riqueza o el éxito financiero de cada individuo. Las personas pueden sentirse obligadas a proyectar una imagen específica, lo que les lleva a gastar más allá de sus posibilidades para mantener o mejorar su situación financiera percibida.

La envidia o los celos resultantes del éxito financiero percibido entre pares pueden desencadenar el deseo de emular ese éxito. Esto puede llevar a las personas a gastar de manera que imiten los estilos de vida de otros sin considerar las posibles consecuencias financieras.

Las plataformas de redes sociales pueden amplificar la presión social y de grupo al mostrar imágenes seleccionadas de estilos de vida aparentemente perfectos. La exposición constante a estas imágenes puede crear expectativas poco realistas, lo que lleva a las personas a gastar de más para emular los estilos de vida retratados.

Solución: Para contrarrestar el impacto de la presión social y de pares, las personas pueden priorizar la educación financiera, establecer metas financieras personales y comunicar abiertamente sus límites financieros con amigos y pares. Desarrollar un fuerte sentido de independencia financiera y centrarse en la salud financiera a largo plazo puede ayudar a las personas a resistir las presiones que pueden llevarles a vivir más allá de sus posibilidades.

Evitación de problemas

Evitar problemas puede contribuir a vivir más allá de sus posibilidades, ya que las personas pueden recurrir a mecanismos de afrontamiento poco saludables, como el gasto excesivo, para escapar o distraerse de los problemas subyacentes.

Enfrentar situaciones desafiantes, como una mala relación o problemas personales, puede provocar emociones negativas. Algunas personas compran para aliviar temporalmente el estrés, la tristeza o la frustración. Este gasto emocional puede provocar compras impulsivas y una mayor tensión financiera.

Ir de compras puede percibirse como una forma de "terapia de compras", en la que las personas buscan consuelo o distracción de los problemas entregándose a la emoción de comprar artículos nuevos. Este comportamiento puede proporcionar un alivio emocional a corto plazo, pero a menudo tiene consecuencias financieras.

Evitar problemas mediante el consumo excesivo crea un ciclo de uso de posesiones materiales para escapar de la realidad. Esto puede conducir a patrones de gasto habituales, contribuyendo a la acumulación de deuda y obstaculizando la estabilidad financiera.

La evitación de problemas puede manifestarse como conductas de compra compulsivas, en las que los individuos adquieren continuamente artículos sin una necesidad genuina. Esta compulsividad puede conducir a un ciclo de gasto excesivo y acaparamiento, a medida que comprar se convierte en una distracción temporal de los problemas subyacentes.

Las personas que practican la evitación de problemas pueden negar o restar importancia a sus desafíos financieros, creando una desconexión entre sus hábitos de gasto y el estado real de sus finanzas. Esta negación puede conducir a un gasto excesivo continuo sin abordar las causas fundamentales.

Si bien las compras pueden distraer o aliviar temporalmente los problemas subyacentes, no aborda las causas fundamentales. Como resultado, los problemas iniciales persisten y los individuos se encuentran en un ciclo continuo de gasto sin resolver los problemas subyacentes.

Solución: Para romper el ciclo de evitación de problemas y sus consecuencias financieras, las personas pueden considerar estrategias de afrontamiento más saludables, como buscar ayuda profesional, entablar una comunicación abierta con sus seres queridos y abordar las causas fundamentales del estrés o la insatisfacción. Desarrollar resiliencia emocional y conciencia financiera puede capacitar a las personas para tomar decisiones conscientes y positivas, contribuyendo a su estabilidad emocional, mental y económica.

Necesidades versus deseos

Comprender las diferencias entre necesidades y deseos es vital en su arsenal financiero. Con este conocimiento, las personas pueden establecer una jerarquía financiera clara, tomar decisiones de gasto informadas y trabajar para lograr objetivos financieros mientras mantienen la estabilidad económica.

Las necesidades son esenciales para la supervivencia y el bienestar. Son las necesidades necesarias para mantener un nivel de vida razonable. Éstas incluyen:

- Refugio básico: Un lugar seguro para vivir.
- Alimentación: Sustento nutritivo necesario para la salud.
- Ropa: Vestimenta adecuada para protección y comodidad.
- Atención sanitaria: Atención médica esencial y gastos relacionados con la salud.
- Educación: Educación básica necesaria para el desarrollo personal.

Por el contrario, los deseos mejoran nuestra calidad de vida pero que no son necesarios para la supervivencia. Representan nuestras preferencias, aspiraciones y elecciones de estilo de vida. Ejemplos de deseos incluyen:

- Artículos de lujo: Bienes y servicios de alta gama que van más allá de las necesidades.
- Entretenimiento: Actividades de ocio no esenciales, como salir a cenar, viajar y suscripciones de entretenimiento.
- Moda y accesorios: Artículos que van más allá de las necesidades básicas de vestimenta, como marcas de diseñadores o accesorios de lujo.

- Actualizaciones tecnológicas: Los últimos aparatos o dispositivos que pueden no ser esenciales para el funcionamiento diario.
- Pasatiempos y recreación: Actividades que contribuyen al disfrute personal pero que no son necesarias para el bienestar.

A continuación se muestran algunos ejemplos de cómo puede ayudarle categorizar las necesidades y los deseos.

Presupuesto
Necesidades: Dar prioridad a las necesidades en su presupuesto garantiza que los gastos esenciales se cubran primero, lo que proporciona una base para la solidez financiera.
Deseos: la asignación de ingresos discrecionales para los deseos permite el disfrute sin poner en peligro la seguridad financiera.

Gasto
Necesidades: Atender primero las necesidades evita que se descuiden áreas esenciales y contribuye al bienestar general.
Deseos: priorizar los deseos en función de los ingresos discrecionales disponibles evita gastos excesivos y respalda hábitos financieros responsables.

Reducir costos o deseos innecesarios

Reducir costos innecesarios le ayudará a equilibrar sus cuentas. A continuación se presentan estrategias que le ayudarán a identificar y reducir gastos innecesarios.

- Revise sus hábitos de gasto e identifique gastos no esenciales o discrecionales.
- Negocie con proveedores de servicios, como cable, Internet o compañías de seguros, para reducir sus facturas. Mencione las ofertas de la competencia o exprese su lealtad para obtener descuentos.

- Limite las comidas en restaurantes y opte por comidas caseras. Planifique sus comidas y considere cocinar por lotes para ahorrar tiempo y dinero.
- Considere eliminar los servicios tradicionales de televisión por cable o satélite y explore opciones de transmisión más asequibles. Elija servicios que se ajusten a sus preferencias de visualización.
- Evalúe las suscripciones a revistas, membresías o clubes que tal vez ya no brinden un valor significativo. Cancele o baje de categoría las membresías que no utilice por completo. Considere alternativas más económicas para los servicios que desea conservar.
- Implementar prácticas de ahorro de energía para reducir las facturas de servicios públicos. Utilice electrodomésticos de bajo consumo y considere mejorar el aislamiento de su hogar.
- Explore el transporte público, el uso compartido del automóvil o la bicicleta para reducir los costos de combustible y mantenimiento. Considere reducir el tamaño a un vehículo más eficiente en combustible.
- Aprenda las tareas básicas de mantenimiento del hogar para evitar contratar profesionales para reparaciones menores. Los proyectos de bricolaje pueden ahorrar dinero y mejorar sus habilidades.

Ejercicio: Viva dentro de sus posibilidades

Si vive por encima de sus posibilidades, una o varias de las razones analizadas en este capítulo podrían estar relacionadas con usted. Si es así, toma nota y enumera hasta cinco actividades que realizarás para abordarlo. Sus acciones pueden ser a corto o largo plazo para equilibrar sus finanzas mensuales. En segundo lugar, identifique hasta cinco "deseos" que compre con frecuencia, por ejemplo, un café de Starbucks. Suspende temporalmente estas compras hasta que tu situación financiera mejore.

Capítulo 5
Altos costos: Manhattan

El costo de vida en algunas ciudades es demasiado difícil de afrontar. Nueva York (Manhattan) es un excelente ejemplo de ello. Según una encuesta, el costo de vida en el distrito de Nueva York es un 24% más alto que el de Honolulu, la segunda área urbana más cara de Estados Unidos, y un 31% más alto que el de San Francisco, la tercera ciudad más cara. Por lo tanto, los residentes de Manhattan con bajos ingresos tendrán dificultades.

Vivir más allá de sus posibilidades o dentro de sus posibilidades está bajo su control en comparación con vivir en una ciudad o estado con un alto costo de vida. Aún así, existen opciones para combatir los altos costos de vida, que cubriremos en este capítulo.

Factores del costo de vida

Varios factores contribuyen al alto costo de vida de una ciudad, lo que hace que a los residentes les resulte más costoso cubrir sus necesidades básicas y mantener un determinado nivel de vida. Estos factores pueden variar de un lugar a otro, pero algunos contribuyentes comunes incluyen:

Vivienda: La alta demanda y la oferta limitada de viviendas pueden hacer subir los precios inmobiliarios, encareciendo el alquiler o la compra de una vivienda. Existe escasez de vivienda en varias ciudades de América del Norte, incluidas San Francisco y Toronto. Los lugares con impuestos a la propiedad y costos de mantenimiento más altos contribuyen al costo total de la vivienda.

Servicios públicos: Los precios de la electricidad, el gas y el agua pueden afectar significativamente los gastos de subsistencia.

Las ciudades con costosos servicios de eliminación de residuos pueden traspasar esos costos a los residentes.

Transporte: Las ciudades con altos precios de combustible contribuyen a los elevados costos de transporte. La disponibilidad y el costo del transporte público pueden influir en los gastos generales de transporte de los residentes.

Atención médica: Las áreas con costos de atención médica más altos, incluidas las primas de seguros y los gastos de bolsillo, contribuyen al costo de vida. La disponibilidad y calidad de las instalaciones médicas pueden afectar los costos de atención médica.

Educación: Las ciudades con instituciones educativas prestigiosas o bien financiadas pueden tener matrículas y tarifas más altas. Para las ciudades con universidades, el costo de vida puede verse afectado por el alojamiento y los servicios disponibles para los estudiantes.

Precios de los alimentos: El precio de los alimentos, influenciado por el transporte, las prácticas agrícolas y los impuestos locales, puede contribuir a aumentar los costos de vida.

Impuestos: Las tasas del impuesto sobre la renta a nivel local pueden afectar la renta disponible. Las ciudades con tasas de impuestos sobre las ventas más altas aumentan el costo de los bienes y servicios.

Entretenimiento y recreación: Las ciudades con una escena cultural vibrante y numerosos eventos pueden costar más. La disponibilidad y calidad de las instalaciones recreativas pueden contribuir a los costos generales.

Servicios de calidad de vida: Las ciudades con parques y espacios verdes bien mantenidos pueden tener costos más altos asociados con su mantenimiento. Las ciudades que invierten en medidas de seguridad pueden tener costos relacionados más altos.

Costo de hacer negocios: Los costos comerciales más altos, incluido el alquiler de espacios comerciales, pueden trasladarse a los consumidores. Las ciudades con impuestos comerciales más altos pueden ver un impacto en el precio de los bienes y servicios.

Teniendo en cuenta estos factores, no sorprende que Manhattan sea cara. Es una ciudad cosmopolita con una rica historia, un ambiente emocionante, una arquitectura impresionante, un centro financiero global, eventos culturales y sociales diarios, oportunidades de negocios y más. Además, es uno de los principales destinos turísticos internacionales.

Incluso si no vives en Manhattan, es posible que vivas en un lugar más costoso que el promedio nacional. Por lo tanto, sus costos de vida pueden contribuir a vivir más allá de sus posibilidades. De cualquier manera, revisemos algunas acciones que puede tomar para disminuir sus costos de vida.

Reduciendo costos

Reducir los gastos diarios

Revise su presupuesto para los gastos diarios que puede reducir para reducir sus costos de vida. Sin embargo, a menos que los gastos sean significativos, su impacto puede ser insuficiente.

Mudarse

Reubicarse o mudarse a un lugar diferente puede ser una estrategia para combatir los altos costos de vida. Aún así, implica considerar cuidadosamente varios factores, incluidas las perspectivas laborales, las preferencias de estilo de vida y las posibles compensaciones.

Diferentes lugares tienen diferentes costos de vivienda, comestibles y transporte. Las personas a menudo pueden ahorrar dinero mudándose a una ciudad, pueblo o región más asequible. Mudarse a una zona con casas o apartamentos menos costosos puede reducir significativamente los costos de vida. Lograr objetivos financieros, como ahorrar para una casa o para la jubilación, puede ser más factible en un lugar con un costo de vida más bajo.

Con el aumento del trabajo remoto, las personas pueden vivir en áreas con costos de vida más bajos y al mismo tiempo mantener empleo en empresas en regiones más caras.

Reducir el tamaño

Downsizing se refiere a reducir el tamaño o la escala de algo. En el contexto de la vivienda, normalmente significa mudarse a una casa o estilo de vida más pequeño y más rentable.

Mudarse a una casa más pequeña a menudo conlleva costos asociados más bajos, incluida la hipoteca o el alquiler, los impuestos a la propiedad, los servicios públicos y el mantenimiento. Esto puede resultar en ahorros significativos con el tiempo.

La reducción de personal puede implicar ordenar y simplificar el estilo de vida eliminando posesiones innecesarias. Esto reduce el desorden físico y puede conducir a un orden financiero al recortar los gastos asociados con el mantenimiento de un espacio habitable más grande.

Las casas más pequeñas suelen requerir menos energía para calentar o enfriar. Esto puede dar lugar a una reducción de las facturas de servicios públicos, lo que contribuye al ahorro de costes generales.

Una casa más pequeña suele implicar menos responsabilidades de mantenimiento. Esto puede resultar en menores costos de reparación y mantenimiento, liberando fondos para otras prioridades financieras.

Si los propietarios reducen su tamaño vendiendo una propiedad más grande, es posible que puedan desbloquear el valor líquido de la vivienda. Este dinero se puede utilizar para pagar deudas, invertir o financiar otros planes financieros.

La reducción de personal puede estar motivada por cambios en el tamaño de la familia, como la mudanza de los hijos, o cambios en las circunstancias personales, como la jubilación. Adaptar las condiciones de vida a las necesidades actuales puede generar ventajas financieras.

Los espacios habitables más pequeños a menudo significan una gestión financiera simplificada. Con menos facturas y responsabilidades, a las personas les puede resultar más fácil mantenerse organizadas y al tanto de sus finanzas.

Algunas personas optan por reducir su tamaño pasando de ser propietarios de viviendas a alquilar viviendas. El alquiler puede ofrecer flexibilidad y puede conllevar menos responsabilidades financieras que ser propietario de una propiedad. Sin embargo, alquilar elimina su capacidad de controlar los costos, ya que los precios de alquiler quedan a discreción de los propietarios.

Aumentar los ingresos

Aumentar sus ingresos no reducirá sus costos per se, pero obtener mayores ingresos reducirá el porcentaje asignado a los gastos mensuales, lo que la convierte en una estrategia viable.

Compartir gastos

¿Tienes una habitación libre para alquilar? Si bien invitar a un inquilino a su casa es una opción válida para compartir y reducir los gastos de subsistencia, la dejé hasta el final porque merece una consideración seria.

Vivir con extraños o compañeros de cuarto no es para todos y los inquilinos terribles pueden empeorar las cosas. Busque "historias de terror de alquiler" para comprender a qué me refiero. Aún así, los inquilinos calificados y confiables traerán dinero y compañía a su vida.

Si desea considerar esta opción, es fundamental que investigue los derechos de los inquilinos y cómo prepararse para el éxito. Lo último que quieres hacer es perseguir a tu compañero de cuarto para pedirle dinero para el alquiler.

Aquí te contamos los pros y los contras de alquilar para reducir gastos.

Ventajas:

Alquilar una habitación suele ser más rentable que alquilar un apartamento o una casa completa. Esto puede reducir significativamente los gastos de manutención y permitir a las personas asignar su presupuesto a otras prioridades financieras.

Los servicios públicos y otros gastos compartidos se pueden dividir entre los compañeros de cuarto, lo que reduce los costos individuales. Este reparto de responsabilidades financieras puede contribuir al ahorro general.

Alquilar una habitación brinda flexibilidad, especialmente para aquellos que necesitan alojamiento a corto plazo. Permite a las personas adaptarse a circunstancias cambiantes sin un compromiso de arrendamiento a largo plazo.

Los compañeros de cuarto suelen compartir las tareas y responsabilidades del hogar, lo que ahorra tiempo y esfuerzo a todos los involucrados.

Vivir con compañeros de cuarto puede brindar oportunidades sociales y compañerismo. Puede resultar especialmente beneficioso para quienes son nuevos en un área o buscan crear una red social.

Un acuerdo de vivienda compartida puede brindar acceso a servicios como una sala de estar completamente amueblada, electrodomésticos y otras instalaciones compartidas.

Contras:

Uno de los principales inconvenientes es la posible falta de privacidad. Compartir el espacio vital con otros significa comprometer el espacio personal y controlar menos el medio ambiente.

Las diferencias en el estilo de vida, los hábitos y las preferencias entre los compañeros de cuarto pueden generar conflictos. La compatibilidad es crucial y las situaciones de vida incompatibles pueden ser estresantes y desafiantes.

Los arreglos financieros, como el pago del alquiler y los gastos compartidos, dependen de la cooperación de los compañeros de cuarto. Si un compañero de cuarto no contribuye, la situación de vida de todos puede verse afectada.

Los compañeros de cuarto pueden tener diferentes preferencias en cuanto a temperatura, niveles de ruido o limpieza. Esta falta de control sobre el entorno de vida puede ser una fuente de frustración.

Los contratos de arrendamiento pueden estar a nombre de un inquilino principal, lo que dificulta que otros hagan cumplir sus derechos o tengan voz en las decisiones relacionadas con la propiedad.

Los arreglos de vivienda compartida pueden ser más transitorios, con compañeros de cuarto yendo y viniendo. Esto puede conducir a un entorno de vida menos estable, especialmente para quienes buscan estabilidad a largo plazo.

Si bien las responsabilidades compartidas pueden ser una ventaja, también pueden ser una desventaja si hay falta de cooperación entre los compañeros de cuarto. La distribución desigual de las tareas domésticas o de las obligaciones financieras puede generar tensión.

Alquilar una habitación puede implicar consideraciones legales, especialmente si el inquilino principal es responsable del contrato de arrendamiento. Comprender las implicaciones legales es crucial para evitar posibles conflictos.

Consejos para encontrar un excelente compañero de cuarto

Encontrar un excelente inquilino o compañero de cuarto es crucial para mantener un ambiente de vida positivo y estable. Si usted es un propietario que busca alquilar una propiedad o un individuo que busca un compañero de cuarto, aquí hay algunos consejos que lo ayudarán a encontrar un inquilino confiable y compatible:

Proporcione una lista clara y detallada de su propiedad, incluida información sobre el alquiler, los términos del arrendamiento, las comodidades y cualquier requisito específico. La transparencia desde el principio ayuda a atraer candidatos adecuados.

Implementar un proceso de selección exhaustivo. Realice verificaciones de antecedentes, verifique empleo e ingresos, y verifique referencias de propietarios anteriores. Esto ayuda a garantizar que esté seleccionando un inquilino responsable.

Comunique sus expectativas con respecto a los pagos de alquiler, las responsabilidades de mantenimiento y las reglas de la casa. Esto ayuda a sentar las bases para una relación positiva entre propietario e inquilino.

Exigir a los inquilinos potenciales que completen una solicitud de alquiler completa. Este documento debe incluir su historial de alquiler, empleo y referencias.

Realizar entrevistas cara a cara con posibles inquilinos. Esto le permitirá evaluar su personalidad, sus habilidades de comunicación y si encajarían bien en la propiedad.

Comuníquese con propietarios anteriores para consultar sobre el historial de alquiler del solicitante. Esto puede proporcionar información sobre su confiabilidad como inquilino.

Cree un contrato de arrendamiento bien definido que describa todos los términos y condiciones, incluido el monto del alquiler, las fechas de vencimiento y las reglas o expectativas. Asegúrese de que ambas partes comprendan y acepten completamente los términos.

Cobre un depósito de seguridad antes de que el inquilino se mude. Esto proporciona una red de seguridad financiera para cualquier daño potencial a la propiedad.

Si un posible inquilino o compañero de cuarto no tiene un historial de alquiler o referencias o parece no estar dispuesto a pagar un depósito, estos son signos de posibles problemas. Sería mejor si evitaras a estas personas a toda costa.

Ejercicio: Reducir los costos de vida

¿Los altos costos de vida están impactando sus finanzas o estresándolo? En caso afirmativo, ¿qué opción de este capítulo puede mejorar más su situación? ¿Cuáles son los pros, los contras y el horizonte temporal de su opción preferida?

Investigue y cree un plan que se alinee con sus objetivos financieros.

Capítulo 6
El terminador de la deuda

Otro día, otro extracto de la tarjeta de crédito y parece que no estás progresando con tu deuda pendiente. Esa es la realidad de millones de personas que gastan primero y piensan después mientras utilizan el crédito para financiar sus compras.

La deuda puede ser una bendición o una maldición, dependiendo de cómo la gestiones. Como bendición, el crédito sirve como un salvavidas financiero cuando lo necesita o una forma de acumular recompensas o reembolsos. Muchas personas de este grupo liquidan su crédito en su totalidad de inmediato, limitando costos adicionales como los intereses. Cuando el crédito se utiliza de manera irresponsable, desesperada o sin conocimientos financieros, puede convertirse en una maldición, lo que lleva a más deudas, un infierno financiero y puntajes crediticios bajos.

Repasemos la deuda de los consumidores (utilizando tarjetas de crédito, líneas de crédito y préstamos personales) ya que es una causa común de dificultades financieras. Más adelante revisaremos la deuda hipotecaria.

Fundamentos de la deuda

La deuda ocurre cuando usted pide prestado dinero a otra parte bajo el acuerdo de que lo devolverá más tarde, generalmente con intereses. El interés es el costo de pedir dinero prestado y normalmente se expresa como porcentaje. Por ejemplo, Jack pide prestados $500 a una tasa de interés del 21% usando su tarjeta de crédito. Si paga la deuda en su totalidad antes del 3 de junio, no se le cobrarán intereses. Si devuelve menos del importe total, se calcularán intereses sobre el importe pendiente.

La tasa de interés es un componente crítico de cualquier deuda. Puede afectar significativamente el monto total que terminará pagando. Las tasas de interés pueden ser fijas, permaneciendo constantes durante la vigencia del préstamo, o variables, cambiando en intervalos específicos.

Tipos de deuda

Existen varios tipos de deuda, cada uno con sus características y usos:

- La deuda garantizada está respaldada por una garantía, lo que significa que el prestatario promete un activo (como una casa o un automóvil) como garantía del préstamo. Si el prestatario no paga, el prestamista puede embargar el activo. Las hipotecas y los préstamos para automóviles son ejemplos comunes.
- La deuda no garantizada no requiere garantía. Los prestamistas ofrecen este préstamo en función de su solvencia crediticia y prometen pagarlo. Las tarjetas de crédito y los préstamos para estudiantes son ejemplos típicos.
- La deuda renovable le permite pedir prestado hasta un límite específico, pagarlo y luego volver a pedir prestado. Las tarjetas de crédito son la forma más común de deuda renovable.
- Deuda a plazos implica pedir prestado y reembolsar una cantidad fija en pagos programados durante un período determinado. Las hipotecas, los préstamos para automóviles y los préstamos personales entran en esta categoría.

Puntaje de crédito

Una puntuación de crédito es una representación numérica de la solvencia de un individuo. Se basa en varios factores de su historial crediticio y comportamiento financiero. El modelo de calificación crediticia más común es el puntaje FICO, que oscila entre 300 y 850. Los factores que influyen en el puntaje crediticio incluyen:

- Historial de pagos (una ponderación del 35%): Los pagos puntuales en cuentas de crédito contribuyen positivamente.
- Utilización del crédito (30%): La proporción entre los saldos actuales de las tarjetas de crédito y los límites de crédito.
- Duración del historial crediticio (15%): La antigüedad promedio de las cuentas de crédito.
- Tipos de crédito en uso (10%): La combinación de cuentas de crédito (tarjetas de crédito, hipotecas, etc.).
- Crédito nuevo (10%): Consultas de crédito recientes y cuentas recién abiertas.

Una puntuación crediticia más alta indica un riesgo crediticio más bajo. Se percibe que los prestatarios con puntuaciones más altas tienen más probabilidades de pagar sus deudas, lo que los hace elegibles para tasas de interés más bajas. Por el contrario, una puntuación crediticia más baja sugiere un mayor riesgo crediticio. A los prestatarios con puntuaciones más bajas se les pueden cobrar tasas de interés más altas para compensar el riesgo percibido.

Historial de crédito

El historial crediticio es un registro detallado de las actividades de endeudamiento y pago de un individuo. Incluye información sobre cuentas de crédito, historial de pagos, saldos pendientes y marcas despectivas como pagos atrasados o quiebras. Los factores que afectan el historial crediticio incluyen:

- Cuentas de crédito: Los tipos y la cantidad de cuentas de crédito que tiene una persona.
- Historial de pagos: Registros de pagos puntuales o atrasados.
- Consultas de crédito: Casos en los que alguien verifica el informe de crédito.
- Marcas despectivas: Elementos negativos como quiebras o cobros.

Un historial crediticio favorable, pagos puntuales constantes y una gestión crediticia responsable contribuyen a una puntuación crediticia más alta, lo que da como resultado tasas de interés más bajas. Por el contrario, elementos adversos en un historial crediticio, como pagos atrasados o incumplimientos, pueden reducir la calificación crediticia, lo que genera tasas de interés más altas o dificultades para obtener crédito.

Tasas de interés

Los prestamistas utilizan puntajes e historial crediticio para evaluar el riesgo de prestar dinero. La tasa de interés ofrecida refleja este riesgo percibido.

Una puntuación crediticia más alta y un historial crediticio positivo indican responsabilidad financiera y confiabilidad a los prestamistas, lo que aumenta la probabilidad de recibir tasas de interés favorables.

El seguimiento regular de su informe crediticio le permite identificar imprecisiones, abordar los problemas con prontitud y mantener o mejorar su solvencia con el tiempo.

Aumente su puntaje crediticio para obtener tasas de interés más bajas

Aumentar gradualmente su puntaje crediticio requiere hábitos financieros responsables y acciones estratégicas. Comience por pagar sus facturas a tiempo y de manera constante, ya que su historial de pagos es un factor importante en su puntaje crediticio.

Trate de reducir los saldos de las tarjetas de crédito por debajo del 30% del límite de crédito, ya que un índice de utilización de crédito más bajo influye positivamente en su puntaje.

Tenga cuidado al abrir demasiadas cuentas nuevas, lo que puede afectar negativamente la antigüedad promedio de su cuenta.

Si es necesario, verifique su informe de crédito para detectar errores o fraudes y disputar inexactitudes.

Mantenga una combinación diversa de tipos de crédito, como tarjetas de crédito y préstamos a plazos, para impactar positivamente su puntaje.

Negocie tasas de interés más bajas con los acreedores, especialmente si tiene un buen historial de pagos.

Considere convertirse en un usuario autorizado de la cuenta de crédito bien administrada de otra persona para beneficiarse de su historial crediticio positivo.

Resuelva cobros pendientes y liquide deudas para reducir los elementos negativos en su informe crediticio.

El uso responsable de tarjetas de crédito aseguradas puede ayudar a construir un historial crediticio positivo, y mantener abiertas las cuentas de crédito más antiguas, incluso con un saldo cero, alarga el historial crediticio.

Interés compuesto

El interés compuesto implica ganar o pagar intereses no solo sobre el monto principal inicial sino también sobre el interés acumulado de períodos anteriores. En términos simples, es interés sobre interés y puede funcionar para amplificar el crecimiento de los ahorros o el costo de la deuda a lo largo del tiempo.

Para las personas con deudas con intereses elevados, como tarjetas de crédito o ciertos tipos de préstamos, el interés compuesto puede generar un saldo de deuda en rápido crecimiento. Si sólo se realizan pagos mínimos, el interés continúa acumulándose, lo que dificulta escapar del ciclo de la deuda.

El interés compuesto aumenta con el tiempo, especialmente en el caso de inversiones o préstamos a largo plazo. Esto significa que las decisiones tomadas tempranamente con respecto al ahorro o al endeudamiento pueden afectar sustancialmente la situación financiera de una persona años o incluso décadas después.

Cuando las personas no pueden realizar pagos significativos de su deuda, el efecto compuesto puede llevar a una situación en la que la deuda crece más rápido de lo que pueden gestionar. Esto puede resultar en períodos prolongados de pago de la deuda y mayores costos generales de intereses.

Gestión eficaz de la deuda

La gestión eficaz de la deuda implica conocimiento financiero, disciplina y planificación estratégica. Al pagar a tiempo, comprender los términos, priorizar la deuda con intereses altos y evitar préstamos innecesarios, las personas pueden trabajar para reducir la deuda y lograr una mayor independencia financiera. Repasemos estos factores con más detalle.

Pague a tiempo

Importancia: Los pagos puntuales son cruciales para mantener un historial crediticio positivo y evitar sanciones. Los pagos atrasados pueden generar cargos por pagos atrasados y mayores tasas de interés, lo que afecta negativamente su puntaje crediticio.

Impacto en la calificación crediticia: el historial de pagos es un factor importante en los modelos de calificación crediticia. Realizar pagos puntuales de manera constante demuestra responsabilidad financiera y contribuye positivamente a su puntaje crediticio.

Pasos de acción:
• Configure pagos automáticos o recordatorios para garantizar que los pagos se realicen en la fecha de vencimiento o antes.
• Comuníquese con los acreedores de inmediato si anticipa dificultades para pagar para discutir posibles soluciones.

Comprender los términos

Importancia: Conocer los términos de cualquier deuda que contraiga es fundamental para tomar decisiones financieras informadas. Le ayuda a comprender el costo de los préstamos, las posibles tarifas y el compromiso financiero general.

Tasas de interés: Comprenda si la tasa de interés es fija o variable.

Condiciones de pago: tenga en cuenta la duración del préstamo y los cargos asociados por el pago anticipado o atrasado.

Pasos de acción:
• Revise cuidadosamente los acuerdos de préstamo, los términos de las tarjetas de crédito o cualquier contrato financiero antes de aceptar los términos.
• Haga preguntas para aclarar términos, detalles o condiciones que puedan no estar claros.

Priorizar la deuda con intereses altos

Importancia: Las deudas con intereses altos pueden acumular intereses significativos con el tiempo. Dar prioridad al pago de estas deudas ayuda a ahorrar dinero en el pago de intereses.

Impacto en las finanzas: Centrarse primero en la deuda con intereses altos le permite liberar más dinero en su presupuesto para otros objetivos financieros una vez que estas deudas de alto costo se hayan pagado.

Pasos de acción:
• Enumere sus deudas, anotando las tasas de interés asociadas con cada una.
• Asignar fondos adicionales para pagar primero la deuda con la tasa de interés más alta mientras se mantienen los pagos mínimos en otras.

Evite deudas innecesarias

Importancia: Pedir prestado sólo lo que necesita y puede pagar con confianza es crucial para evitar tensiones financieras. Evitar deudas innecesarias le ayuda a mantener un mejor control sobre sus finanzas y reduce el riesgo de extenderse demasiado.

Evaluación de necesidades versus deseos: antes de asumir cualquier deuda, determine si es por una necesidad o una compra discrecional. Los préstamos para cubrir necesidades esenciales pueden estar justificados, pero el gasto discrecional debe evaluarse cuidadosamente.

Pasos de acción:
• Cree un presupuesto para comprender sus necesidades y obligaciones financieras.
• Diferenciar entre gastos esenciales y gastos discrecionales para tomar decisiones de endeudamiento informadas.

Estrategias de eliminación de deuda

Cada una de las estrategias que estamos a punto de revisar tiene ventajas y puede ser adecuada según sus circunstancias, incluido el monto de la deuda, los tipos de deuda, el nivel de ingresos y las metas financieras personales.

Puede investigar o hablar con un representante financiero sobre cómo estos métodos afectan su puntaje crediticio. Por ejemplo, la consolidación de deudas puede reducir sus pagos mensuales pero también provocar una caída temporal en su puntaje crediticio. La caída provendrá de una investigación exhaustiva de sus informes crediticios cada vez que solicite crédito. La disminución suele ser inferior a cinco puntos y su puntuación debería recuperarse en unos pocos meses. Alternativamente, reducir los gastos o aumentar sus ingresos no afectará su puntaje crediticio.

Método de bola de nieve de la deuda

Estrategia: Pagar deudas de menor a mayor, independientemente de la tasa de interés. Una vez que se haya pagado la deuda más pequeña, pase a la siguiente más pequeña, creando un "efecto bola de nieve".

Ejemplo: Tiene tres deudas: $500, $2,000 y $10,000. Te concentras en pagar primero la deuda de $500, luego la de $2,000 y finalmente la de $10,000.

Método de avalancha de deuda

Estrategia: Pague primero las deudas con las tasas de interés más altas, independientemente del saldo. Este método le ahorra la mayor cantidad de dinero en intereses a lo largo del tiempo.

Ejemplo: Si tiene deudas con tasas de interés del 18%, 9% y 4%, priorizará la deuda con la tasa de interés del 18%, luego pasará al 9% y finalmente al 4%.

El método del copo de nieve

Estrategia: aplique fondos inesperados a su deuda tan pronto como lleguen en lugar de esperar a acumular una cantidad significativa.
Ejemplo: Usar dinero de un reembolso de impuestos o de un bono en el trabajo para reducir inmediatamente el saldo de su deuda.

Consolidación de la deuda

Estrategia: combinar varias deudas en una sola deuda con una tasa de interés más baja, lo que hace que los pagos sean más manejables.
Ejemplo: Obtener un préstamo personal a una tasa de interés más baja para pagar múltiples deudas de tarjetas de crédito.

Préstamo personal

Estrategia: obtener un préstamo personal con una tasa de interés más baja para pagar deudas con intereses altos.
Ejemplo: Obtener un préstamo personal con una tasa de interés del 7% para pagar la deuda de la tarjeta de crédito acumulada con un interés del 20%.

Transferencia de saldo

Estrategia: transferir la deuda de tarjetas de crédito con intereses altos a una tarjeta con una tasa de interés más baja, a menudo con una tasa introductoria del 0%.
Ejemplo: Trasladar el saldo de su tarjeta de crédito a una nueva tarjeta que ofrezca una tasa de porcentaje anual del 0% durante 18 meses.

Negociar tasas de interés más bajas

Estrategia: Contacta con acreedores para negociar tipos de interés más bajos sobre tus deudas, reduciendo los intereses devengados.
Ejemplo: Reducir con éxito la tasa de interés de una tarjeta de crédito del 18% al 15% mediante negociación con la compañía de la tarjeta de crédito.

Realice pagos quincenales en lugar de mensuales

Estrategia: Realizar medio pago cada dos semanas en lugar de un pago completo mensual. Dado que un año tiene 12 meses, esto da como resultado 26 medios pagos, por lo que se liquida la deuda más rápidamente.
Ejemplo: Dividir el pago mensual de su hipoteca o préstamo a la mitad y pagar cada dos semanas, reduciendo el saldo de capital más rápidamente y ahorrando en intereses.

Recortar gastos

Estrategia: Reducir el gasto mensual para liberar más dinero para el pago de la deuda.
Ejemplo: Cancelar suscripciones, salir a cenar menos y cambiar a proveedores de servicios públicos más baratos para ahorrar dinero que pueda destinarse al pago de la deuda.

Aumentar los ingresos

Estrategia: busque formas de aumentar sus ingresos, como aceptar un trabajo a tiempo parcial, trabajar por cuenta propia o vender artículos no deseados.
Ejemplo: Utilizar las ganancias de un negocio secundario para realizar pagos adicionales de deudas.

Utilice sabiamente las ganancias inesperadas

Estrategia: utilizar grandes sumas de dinero inesperadas, como herencias, reembolsos de impuestos o bonificaciones, para pagar deudas.

Ejemplo: Aplicar un reembolso de impuestos de $3,000 directamente a su deuda con el interés más alto en lugar de gastarlo.

Deuda hipotecaria

Una hipoteca es un tipo de préstamo que se utiliza específicamente para financiar la compra de bienes inmuebles. En un acuerdo hipotecario, el prestatario (a menudo un comprador de vivienda) obtiene fondos de un prestamista (normalmente un banco o una compañía hipotecaria) para comprar una propiedad. El prestatario se compromete a reembolsar el préstamo durante un período determinado, realizando pagos regulares, incluidos el capital y los intereses. La propiedad en sí sirve como garantía para el préstamo. Si el prestatario no cumple con los pagos acordados, el prestamista puede tener derecho a tomar posesión de la propiedad mediante un proceso legal conocido como ejecución hipotecaria.

Las hipotecas pueden variar en términos de tasas de interés, períodos de pago (comúnmente 15 o 30 años) y otros términos. La tasa de interés puede ser fija, manteniéndose igual durante todo el plazo del préstamo, o variable, ajustándose periódicamente en función de las condiciones del mercado. Las hipotecas desempeñan un papel crucial al permitir que las personas logren ser propietarios de una vivienda al distribuir el costo de una propiedad durante un período prolongado, haciendo que la propiedad de vivienda sea más accesible para una población más amplia.

Refinanciación hipotecaria

La refinanciación hipotecaria reemplaza una hipoteca existente por una nueva, generalmente para garantizar mejores condiciones, como una tasa de interés más baja o una duración diferente del préstamo. Los propietarios de viviendas pueden refinanciar por varias razones, incluida la reducción de los pagos mensuales, la consolidación de deudas o el aprovechamiento del valor líquido de la vivienda para otras necesidades financieras.

Beneficios

- Refinanciar cuando las tasas de interés son más bajas puede reducir los pagos mensuales y los costos generales de intereses.
- Extender el plazo del préstamo puede reducir los pagos mensuales, brindando un alivio a corto plazo a los propietarios que enfrentan desafíos financieros.
- La refinanciación permite la consolidación de deudas con intereses altos en una hipoteca con una tasa de interés potencialmente más baja.

Desventajas

- La refinanciación generalmente implica costos de cierre, que pueden compensar los ahorros

potenciales. Calcular el punto de equilibrio es esencial para determinar si la refinanciación tiene sentido financiero.
- Ampliar el plazo del préstamo puede reducir los pagos mensuales, pero podría resultar en el pago de más intereses durante la vigencia del préstamo.
- La refinanciación puede afectar los puntajes crediticios, especialmente si implica abrir una nueva cuenta de crédito o cerrar una existente.

A continuación se muestra un ejemplo de refinanciación de hipotecas.

Considere un propietario de vivienda con una hipoteca de $300,000 a una tasa de interés del 5% y con 25 años restantes de préstamo. Los pagos mensuales de capital e intereses serían de aproximadamente $1,752. Si el propietario refinancia a una tasa de interés del 4% durante 30 años, el nuevo pago mensual sería de alrededor de $1,432.

Cálculo:
Préstamo original: $300,000, 5% de interés, 25 años restantes.
Pago mensual: $1,752.

Préstamo refinanciado:
Monto refinanciado: $300,000.
Nueva tasa de interés: 4%.
Nuevo plazo del préstamo: 30 años.
Nuevo pago mensual: $1,432.

Ahorros:
Ahorros mensuales: $1,752 menos $1,432 = $320.
Ahorro anual: $320 multiplicado por 12 meses = $3,840.

En este ejemplo, el propietario reduce sus gastos mensuales refinanciando a una tasa de interés más baja y ampliando el plazo del préstamo. Sin embargo, es fundamental sopesar los costos y beneficios a largo plazo, considerando factores como los costos de cierre, los pagos generales de intereses y las ambiciones financieras individuales.

La refinanciación hipotecaria merece una consideración seria para mejorar sus condiciones de pago y reducir gastos. Puede mejorar significativamente su salud financiera debido a los montos involucrados.

Ejercicio: Patear el trasero de la deuda

La deuda generalmente no es tu amiga sino la enemiga entre tú y la prosperidad. Alternativamente, la deuda puede ser un aliado para mejorar sus ingresos, su carrera y sus perspectivas de vida, por ejemplo, pagando un curso para desarrollar nuevas habilidades o renovando su casa para aumentar su valor.

Desarrollar un plan de reducción/eliminación de deuda para esta actividad para los próximos 12 meses. Incluya de tres a cinco estrategias que se apliquen a sus circunstancias y que tendrán el impacto más significativo.

MELANIE NEWELL

Capítulo 7
MÁS DINERO, MENOS PROBLEMAS

A veces, puede parecer que sus ingresos son demasiado bajos para cubrir los gastos y las deudas mensuales. Su presupuesto revelará si los ingresos insuficientes son un problema en sus finanzas. Si ese fuera el caso, este capítulo describe estrategias para aumentar sus ingresos.

Aumente sus ingresos

¿Quién no quiere ganar más dinero? La mayoría de la gente quiere hacerlo porque los ingresos más altos pueden permitirse mejores estilos de vida, salud y seguridad financiera. Además, seamos realistas: si pudiera aumentar sus ingresos dos o tres veces con solo chasquear un dedo, muchos o todos sus gastos se volverían menos onerosos, y vivir de sueldo en sueldo se detendría bruscamente.

Es más fácil recortar gastos que aumentar los ingresos. Aún así, las formas cotidianas de ganar más dinero incluyen las siguientes:

- Obtenga un aumento de salario (permanezca en su puesto actual).
- Obtenga un aumento de salario (obtenga un ascenso y avance en su carrera).
- Cambiar de empresa o industria.
- Consigue un trabajo secundario.
- Aprenda y monetice nuevas habilidades.

Cubramos cada uno de estos métodos con más detalle.

Obtenga un aumento salarial: permanezca en su puesto actual

Conseguir un aumento salarial es un proceso estratégico que implica preparación, sincronización y negociación. Los pasos más críticos son comprender por qué merece un aumento y convencer a alguien, como su gerente, para que se lo dé.

Incluso si el resultado no es el que esperaba, el proceso puede brindarle información valiosa sobre su trayectoria de desarrollo profesional y oportunidades futuras en la empresa.

A continuación se detallan los pasos que puede seguir para aumentar sus posibilidades de obtener con éxito un aumento salarial:

Evaluar el paisaje
Desempeño de la empresa: ¿Cómo le está yendo a su empresa? ¿Las ventas están aumentando, estancadas o disminuyendo? ¿Cómo se está desempeñando su división o departamento? ¿Su empresa está contratando, haciendo una pausa o despidiendo empleados? Estas preguntas son fundamentales para evaluar las posibilidades de obtener un aumento y el momento de su solicitud. Podría considerar cambiar de empresa o industria por un salario más alto si las cosas no pintan bien.

Investigar y prepararse
Comprenda su valor: utilice encuestas salariales, calculadoras salariales en línea y puntos de referencia de la industria para determinar la compensación típica para su función en su área geográfica e industria.

Evalúe su desempeño: recopile ejemplos concretos de sus contribuciones, logros y cualquier responsabilidad adicional que haya asumido desde su última revisión salarial.

Conozca las prácticas salariales de la empresa: comprenda cómo maneja su empresa los aumentos salariales, incluido el cronograma típico de revisiones salariales y cualquier restricción presupuestaria.

Construya su caso
Documente sus logros: cree una lista detallada de sus logros, cuantificándolos con datos siempre que sea posible (por ejemplo, ingresos generados, costos ahorrados, proyectos completados).

Resalte su valor: céntrese en cómo su trabajo beneficia a la empresa, incluidas las habilidades o experiencia únicas que aporte a su puesto.

Prepárese para abordar los contraargumentos: anticípese a las dudas de su empleador sobre conceder un aumento y prepare respuestas razonadas.

Elija el momento adecuado
Considere el desempeño de la empresa: solicitar un aumento suele ser más efectivo cuando la empresa tiene un buen desempeño financiero.

Alinearse con las revisiones de desempeño: programar su solicitud en torno a las revisiones de desempeño puede ser estratégico, ya que los ajustes de compensación a menudo se consideran durante estos períodos.

Tenga en cuenta los factores externos: las recesiones económicas, las tendencias de la industria y los desafíos específicos de la empresa pueden afectar el éxito de su solicitud.

Practica tu discurso
Prepare sus puntos de conversación: organice sus pensamientos y prepárese para articular su solicitud, la justificación del aumento y sus contribuciones profesionales.

Practique en voz alta: ensaye su discurso con un amigo o mentor de confianza y busque comentarios para perfeccionar su presentación.

Programar una reunión
Solicite una reunión formal: en lugar de iniciar la conversación inesperadamente, pídale a su gerente una reunión para discutir su desempeño y compensación.

Elija un entorno adecuado: asegúrese de que la reunión esté programada en un momento y lugar donde pueda tener lugar una discusión confidencial sin interrupciones.

Negociar

Sea profesional y directo: inicie la conversación expresando su agradecimiento por su función y las oportunidades que se le han brindado. Luego, pase a discutir su desempeño y solicite un aumento salarial.

Utilice su investigación: presente sus datos recopilados y sus logros para justificar su solicitud.

Esté preparado para discutir detalles: esté preparado para sugerir un aumento salarial específico basado en su investigación, pero esté abierto a la negociación.

Maneje la respuesta con gracia

En caso afirmativo: agradezca a su gerente y solicite detalles sobre cuándo entrará en vigencia el nuevo salario.

Si es posible: pregunte qué pasos puede tomar para lograr un aumento en el futuro.

En caso negativo: busque comentarios constructivos sobre cómo mejorar y posiblemente discutir ajustes de compensación no monetaria (por ejemplo, condiciones de trabajo más flexibles).

Hacer un seguimiento

Por escrito: después de la reunión, envíe un correo electrónico de agradecimiento que resuma su discusión y los próximos pasos acordados. Esto garantiza que ambas partes tengan un registro de la conversación.

Obtenga un aumento de salario: ascenso o avance profesional

La mayoría de las empresas buscan constantemente promover empleados ambiciosos y de alto rendimiento desde dentro. Si eso le suena familiar, ascender en la escala corporativa puede resultar fructífero.

El avance profesional abarca un desempeño excepcional, visibilidad, aprendizaje continuo, creación de redes y navegación en la política de la empresa. Además, debe haber un puesto vacante que usted pueda cubrir, a menos que pueda persuadir a otros de que se debe crear un nuevo puesto para aportar valor al negocio.

Aquí hay algunas cosas a considerar con respecto al avance profesional.

Busque las calificaciones necesarias para el siguiente nivel. Esto podría implicar descripciones de puestos, marcos de competencias o discusiones con recursos humanos.

Superar consistentemente las expectativas en su puesto actual. El trabajo de calidad que va más allá de lo solicitado puede diferenciarlo.

Mostrar iniciativa identificando y resolviendo problemas. Ser visto como alguien que soluciona problemas puede marcarlo como material de liderazgo.

Solicite periódicamente comentarios a su gerente y a sus compañeros para identificar áreas de mejora y trabajar en ellas con diligencia.

Participe en oportunidades de aprendizaje a través de educación formal, cursos en línea, talleres o certificaciones relevantes para el puesto que desea.

Sea voluntario en proyectos críticos para el éxito del equipo o de la empresa, especialmente aquellos que lo exponen a otros departamentos o a la alta dirección.

Establezca relaciones dentro y fuera de su departamento. Asista a eventos de la empresa y únase a equipos o comités multifuncionales para ampliar su red interna.

No es necesario un título directivo para demostrar liderazgo. Sea mentor de colegas jóvenes, dirija proyectos o encárguese de reuniones para mostrar sus capacidades de liderazgo.

Traiga nuevas ideas a la mesa. Las innovaciones que mejoran los procesos, reducen costos o generan ingresos pueden mejorar significativamente sus perspectivas de promoción.

Hágale saber a su gerente que está interesado en avanzar. Discuta sus aspiraciones profesionales de forma clara y abierta y solicite su apoyo.

Trabaje con su gerente para crear un plan de desarrollo profesional que incluya metas a corto plazo, oportunidades de aprendizaje y proyectos potenciales alineados con sus aspiraciones profesionales.

Encuentre un mentor dentro de la empresa para obtener orientación, comentarios y apoyo a medida que avanza en su trayectoria profesional. De manera similar, los patrocinadores son personas influyentes que pueden abogar por su promoción. Cultive relaciones con patrocinadores potenciales demostrando su valor y potencial.

Comprenda que muchos factores influyen en las promociones, incluidas las necesidades comerciales, las restricciones presupuestarias y las políticas internas. Sea paciente, pero manténgase concentrado en sus deseos.

Revisa periódicamente tu plan de carrera, actualiza tus habilidades y busca nuevos desafíos. Si no es posible un ascenso en su organización actual, podría ser el momento de considerar oportunidades externas.

Empiece a alinear su comportamiento, ética laboral y vestimenta con el puesto al que aspira. "Vístete para el trabajo que quieres, no para el trabajo que tienes" puede aplicarse a algo más que tu guardarropa.

Alinea tu trabajo y contribuciones con los objetivos estratégicos de tu equipo y la organización. Comprender el panorama más amplio puede diferenciarlo como candidato para avanzar.

Mantenga una lista actualizada de logros, incluidas métricas, comentarios y reconocimientos. Esto será invaluable en evaluaciones de desempeño y discusiones sobre la progresión de su carrera.

Finalmente, el avance profesional es un maratón, no una carrera de velocidad, que requiere esfuerzo continuo, adaptabilidad y, a veces, paciencia.

Cambiar de empresa o industria

Cambiar de empresa o industria para aumentar su salario puede ser un movimiento estratégico para aumentar su potencial de ingresos y su trayectoria profesional. Además, como la seguridad laboral y el empleo profesional en una empresa están fuera de lo normal, las personas cambian constantemente para mejorar sus perspectivas financieras y de estilo de vida.

Primero, haga un balance para comprender su compensación actual, incluidos salario, bonificaciones, beneficios y ventajas. A continuación, evalúe el potencial de avance profesional y aumentos salariales dentro de su empresa actual si es un lugar donde desea quedarse. De lo contrario, considere las siguientes actividades para una transición exitosa.

Investigue puntos de referencia salariales para su industria y función actuales. Esto le dará una base para comparar. Investigue los rangos salariales en las industrias que está considerando. Algunas industrias pueden ofrecer una compensación más alta por roles similares.

Evaluar la demanda de tus habilidades en el mercado laboral. Las industrias con una gran demanda de habilidades específicas pueden ofrecer salarios más competitivos.

Explorar otras industrias, evaluar sus rangos salariales mientras se considera el costo de vida en ubicaciones potenciales e investigar las condiciones del mercado laboral contribuyen a una comprensión integral de las posibles oportunidades salariales.

Considere el potencial de avance profesional y desarrollo profesional en la nueva industria. Algunas industrias pueden ofrecer oportunidades de avance más rápido.

Los pasos esenciales son establecer contactos e investigar la industria, conectarse con profesionales en el campo deseado y evaluar la reputación de la empresa en cuanto a estabilidad financiera y desempeño. Evaluar la cultura laboral, los valores y la reputación de los posibles empleadores. Un ambiente de trabajo positivo puede mejorar su satisfacción laboral general. Por ejemplo, ¿qué dicen los empleados sobre la empresa en Glassdoor?

Revise la estabilidad financiera y el desempeño de las empresas que está considerando, si hay datos disponibles. Es más probable que una empresa estable y próspera ofrezca salarios competitivos.

Además, es esencial considerar la transferibilidad de sus habilidades, negociar de manera efectiva durante el proceso de oferta de trabajo y asegurarse de que el nuevo rol se alinee con los objetivos y valores profesionales a largo plazo. La planificación para posibles desafíos, como una curva de aprendizaje o ajustes de redes, y la revisión de consideraciones legales, como las cláusulas de no competencia, son cruciales para una transición exitosa.

Entrevistar y negociar

Armado con su investigación, organice entrevistas y negocie con confianza su salario durante el proceso de oferta de trabajo. Esté preparado para discutir sus logros y el valor que aporta al nuevo rol. No te centres únicamente en el salario base. Considere bonificaciones, opciones sobre acciones y otras formas de compensación en sus negociaciones.

Esté preparado para una curva de aprendizaje al ingresar a una nueva industria. Demuestre su voluntad y capacidad para adaptarse rápidamente.

Considere cualquier posible brecha de ingresos durante el período de transición. Disponer de un plan financiero para cubrir cualquier ajuste financiero temporal.

Consigue un trabajo secundario

Un trabajo secundario o a tiempo parcial para complementar su trabajo actual puede ser una forma rápida de aumentar sus ingresos, y le sorprendería saber cómo trabajar de ocho a dieciséis horas adicionales por semana puede afectar positivamente su flujo de caja. El empleo garantizará salarios adicionales, mientras que el trabajo por cuenta propia puede producir o no resultados deseables. Dado que este libro se centra en acabar con los déficits salariales, recomiendo la opción de empleo para conseguir dinero extra.

¿Cuánto dinero adicional necesitas? Revise su presupuesto y pronostique ingresos y gastos cuando esté considerando trabajos. Por ejemplo, tendrás que gastar $30 adicionales por semana para desplazarte a tu nuevo trabajo.

Antes de realizar un trabajo secundario, es esencial considerar varios factores. En primer lugar, asegúrese de que su contrato de trabajo actual le permita realizar trabajos adicionales fuera de su trabajo principal. Algunas empresas tienen políticas o cláusulas que restringen la participación de los empleados en empleos externos, por lo que revisar su contrato laboral es fundamental.

Una vez que haya confirmado la permisibilidad de un trabajo secundario, evalúe el compromiso de tiempo requerido para ambos puestos para asegurarse de que pueda administrar la carga de trabajo de manera efectiva. Lograr un equilibrio entre su trabajo principal y el trabajo secundario es esencial para prevenir el agotamiento y mantener el desempeño laboral general.

Considere la naturaleza del trabajo secundario y si se alinea con sus habilidades, intereses y objetivos profesionales. Idealmente, el trabajo secundario debería complementar su función principal o brindarle la oportunidad de desarrollar habilidades adicionales. Desde el punto de vista financiero, sopese los beneficios potenciales del trabajo secundario con el tiempo y la energía invertidos. Ya sea que busque ingresos adicionales, desarrollo de habilidades o persiga una pasión, comprender claramente sus objetivos lo ayudará a elegir un trabajo secundario que se alinee con sus talentos.

A su discreción, informe a ambos empleadores sobre su doble empleo para mantener la transparencia y gestionar las expectativas con respecto a su disponibilidad. Tenga en cuenta los posibles conflictos de intereses y problemas de confidencialidad, especialmente si el trabajo paralelo se realiza en una industria similar o involucra información confidencial. Discutir estas inquietudes con los empleadores y garantizar el cumplimiento de las políticas pertinentes podría ser lo mejor para usted.

Buscar trabajo a tiempo parcial es lo mismo que buscar trabajo a tiempo completo. Por lo tanto, supervise sitios web como LinkedIn, Indeed, Monster, etc. Busque empleos localmente en su periódico y en bolsas de trabajo en supermercados y centros comunitarios. Por último, hable con su red o con personas de su entorno. No todos los trabajos se anuncian y es posible que estén buscando ayuda. Por ejemplo, algunas personas mayores pueden desear ayuda a tiempo parcial con las compras, la limpieza o la jardinería.

Aprenda y monetice nuevas habilidades

¿Cuándo fue la última vez que aprendiste algo nuevo o desarrollaste una nueva habilidad? Lo fundamental para todos estos métodos de aumentar sus ingresos es hacerse más valioso para su empleador y el mundo. Una forma de mejorar su valor es con la educación, que frecuentemente divide a los ricos de los pobres.

El aprendizaje electrónico y los cursos en línea son omnipresentes y se puede acceder a ellos de forma gratuita o por un módico precio. Por lo tanto, es una manera conveniente de aprender, sin importar su horario o presupuesto. Además, a los empleadores les encanta escuchar a alguien que disfruta y aprecia aprender a aportar más valor y conocimientos a la organización. La educación es sexy y música para sus oídos.

Considere qué cursos o especializaciones podrían respaldar un aumento, un ascenso, un cambio o un trabajo a tiempo parcial. Por ejemplo, un especialista en marketing digital podría beneficiarse de tomar cursos sobre marketing de motores de búsqueda, mientras que un representante de servicio al cliente podría beneficiarse de tomar clases de ventas. Su plan de aprendizaje debe estar alineado con sus objetivos profesionales para maximizar la monetización de sus nuevas habilidades. Si tiene un trabajo al que se dirige, revise varios similares para comprender los requisitos educativos y de habilidades estándar.

Encontrarás cursos, especializaciones y certificaciones de buena reputación en Coursera, edX y HubSpot Academy.

Cuidado con las estafas

Millones de personas son engañadas mediante estafas y promesas que nunca se materializan cuando intentan ganar más dinero. Los estafadores promueven cualquier cosa, desde empresas comerciales para enriquecerse rápidamente hasta esquemas Ponzi que involucran retornos de inversión falsos. Por ejemplo, el "rey de las criptomonedas" de Canadá, Aiden Pleterski, está acusado de estafar a sus clientes por 30 millones de dólares. Promovió sus habilidades comerciales y sus rendimientos superiores a la media, sólo para que los inversores lo perdieran todo.

Para protegerse de las estafas, es esencial abordar las oportunidades con una buena dosis de escepticismo, realizar investigaciones exhaustivas y tener cuidado al compartir información personal o financiera. Además, mantenerse informado sobre estafas comunes y actualizar periódicamente el software antivirus y antimalware puede mejorar la seguridad en línea. Si algo parece demasiado bueno para ser verdad o genera sospechas, es recomendable buscar asesoramiento de fuentes o autoridades confiables antes de continuar. Repasemos las estafas más comunes en el panorama.

Esquemas piramidales:
Señales de advertencia: Promesas de retornos rápidos y exponenciales al reclutar a otros en el plan. Falta de venta de un producto o servicio genuino.
Identificación: tenga cuidado con las oportunidades, centrándose principalmente en reclutar y ofrecer recompensas a nuevos participantes. Las empresas legítimas generan ingresos mediante la venta de productos o servicios.

Estafas de relleno o montaje de sobres:
Señales de advertencia: solicitudes de pago por adelantado a cambio de materiales para ensamblar o productos para meter en sobres.
Identificación: las oportunidades laborales legítimas no suelen requerir un pago por adelantado. Investigue la empresa y busque reseñas o quejas de otras personas que puedan haber sido estafadas.

Estafas de encuestas en línea:
Señales de advertencia: Demandas de pago o información personal para acceder a oportunidades de encuestas. Promesas poco realistas de ingresos sustanciales.
Identificación: las empresas de encuestas legítimas no cobran una tarifa por participar. Tenga cuidado al compartir información personal e investigue la reputación de la empresa antes de involucrarse.

Estafas de trabajo desde casa:
Señales de advertencia: ofertas de trabajo no solicitadas, especialmente aquellas que prometen altos ingresos con poco esfuerzo. Solicitudes de pago o información personal por adelantado.
Identificación: Los empleadores legítimos no solicitan pago ni datos personales antes de contratar. Verifique la legitimidad de las ofertas de trabajo investigando la empresa y buscando reseñas o testimonios.

Estafas de phishing:
Señales de advertencia: correos electrónicos, mensajes o llamadas no solicitados solicitando información personal o financiera. Lenguaje urgente o amenazante para crear una sensación de urgencia.

Identificación: Las organizaciones legítimas no solicitan información confidencial a través de comunicaciones no solicitadas. Verifique la legitimidad de la organización comunicándose directamente con la organización utilizando la información de contacto oficial.

Estafas de inversión:
Señales de advertencia: altos rendimientos garantizados con bajo riesgo y presión para invertir rápidamente sin la documentación adecuada.

Identificación: Sea escéptico ante las inversiones que parecen demasiado buenas para ser verdad. Verificar la legitimidad de las oportunidades de inversión consultando con las autoridades reguladoras financieras.

Esquemas Ponzi

Los esquemas Ponzi son estafas de inversión fraudulentas que prometen altos rendimientos con poco riesgo para los inversores. Utilizan fondos de nuevos inversores para pagar rendimientos a inversores anteriores, creando una ilusión de rentabilidad. Los esquemas Ponzi pueden ascender a miles de millones, como fue el caso de Bernie Madoff, el autor intelectual admitido del mayor esquema Ponzi conocido en la historia, con un valor estimado de 65 mil millones de dólares.

Características de los esquemas Ponzi

Altos rendimientos consistentes:
Descripción: Promete rendimientos consistentemente altos con poco o ningún riesgo. Las inversiones legítimas conllevan riesgos inherentes y los altos rendimientos constantes y garantizados suelen ser signos de un esquema Ponzi.

Falta de transparencia:
Descripción: Información limitada o nula sobre la estrategia de inversión, los activos subyacentes o cómo se generan los rendimientos.
Las inversiones legítimas brindan información detallada sobre la naturaleza de la inversión, los riesgos asociados y la estrategia utilizada para generar retornos.

Inversiones no registradas:
Descripción: Falta de registro adecuado ante las autoridades reguladoras pertinentes.
Las oportunidades de inversión genuinas suelen registrarse ante los organismos reguladores. Verificar la legitimidad de la inversión consultando con los reguladores financieros.

Dificultad en los retiros de efectivo:
Descripción: Retrasos o dificultades para retirar fondos. Promesas de mejores rendimientos por dejar los fondos invertidos.
Las inversiones legítimas permiten a los inversores retirar fondos fácilmente. Si los retiros se retrasan o desaconsejan, podría indicar un esquema Ponzi.

Estrategias demasiado complejas:
Descripción: Utilice estrategias de inversión demasiado complejas que sean difíciles de entender.

Los esquemas Ponzi pueden utilizar jerga o estrategias complejas para confundir a los inversores. La falta de transparencia a la hora de explicar cómo se generan los rendimientos es una señal de advertencia.

Presión para reclutar nuevos inversores:
Descripción: Estímulo o presión para reclutar nuevos inversores para que se unan al plan.

Los esquemas Ponzi dependen de nuevas inversiones para pagar retornos a los inversores existentes. La presión para reclutar es una táctica común para sostener el plan.

Historial inconsistente o no verificable:
Descripción: Afirmaciones de un historial exitoso sin evidencia verificable.

Las inversiones legítimas proporcionan datos de rendimiento históricos verificables. Si se afirma un historial pero no se puede verificar de forma independiente, se levantan sospechas.

Promesas de exclusividad:
Descripción: Promesas de oportunidades de inversión exclusivas o secretas.

Las inversiones legítimas son transparentes en cuanto a sus ofertas y son accesibles para una amplia gama de inversores.

Ejercicio: Aumento de ingresos

Exploramos algunas formas de aumentar su salario neto. Entonces, para este ejercicio, quiero que consideres las siguientes preguntas:

- ¿Qué método es el más factible para su situación?

- ¿Cuánto tiempo tomaría lograr un aumento de ingresos?
- ¿Qué educación podría necesitar para respaldar sus planes (si corresponde)?
- ¿Cómo sería su presupuesto si cumpliera sus objetivos de ingresos?

Capítulo 8
DÍAS LLUVIOSOS, MAÑANAS SOLEADOS

La vida nos presenta eventos inesperados periódicamente y algunos tienen importantes repercusiones financieras, como una emergencia médica o un despido laboral. Si bien prepararse y esperar adversidades no planificadas debería ser una norma, muchos de nosotros no estamos preparados cuando ocurren eventos desafiantes. Además, estas dificultades pueden llevarnos a un infierno de sueldos y mantener a la gente allí durante años.

El capítulo cubre el ahorro y cómo protegerse de las desafortunadas sorpresas de la vida.

Fondos de emergencia para días lluviosos

Un fondo de emergencia es una cuenta de ahorros dedicada a cubrir gastos inesperados o no planificados, proporcionando una red de seguridad financiera en tiempos de crisis. Su objetivo principal es proporcionar un colchón para eventos imprevistos que de otro modo podrían generar tensiones financieras o deudas.

Beneficios

Un fondo de emergencia brinda seguridad financiera al cubrir gastos inesperados como emergencias médicas, reparaciones de automóviles o mantenimiento del hogar.

Tener un fondo disponible ayuda a evitar depender de tarjetas de crédito o préstamos cuando se enfrentan costos inesperados, lo que reduce el riesgo de acumular deuda.

Saber que tiene un colchón financiero le brinda tranquilidad y le permite afrontar situaciones inesperadas con menos estrés y preocupación.

Un fondo de emergencia brinda flexibilidad y autonomía financiera, lo que le permite decidir basándose en objetivos a largo plazo en lugar de presiones financieras inmediatas.

En caso de pérdida del empleo o reducción de ingresos, un fondo de emergencia puede cubrir los gastos de subsistencia esenciales hasta que se garantice una nueva fuente de ingresos.

¿Cuánto guardar?

La cantidad ideal para un fondo de emergencia puede variar según las circunstancias individuales, pero una recomendación estándar es apuntar a cubrir los gastos de manutención de tres a seis meses. Considere los siguientes factores al determinar el tamaño apropiado de su fondo de emergencia:

1. Calcule sus gastos de vida mensuales esenciales, incluidos vivienda, servicios públicos, alimentos, seguros y pagos de deudas.
2. Las personas con empleo estable pueden inclinarse por un fondo de emergencia más pequeño (por ejemplo, tres meses). En comparación, aquellos con ingresos variables o en industrias más volátiles pueden optar por un fondo más grande (por ejemplo, seis meses o más).
3. Considere la cantidad de dependientes y familiares que dependen de sus ingresos. Los hogares más grandes o aquellos con dependientes pueden optar por un fondo de emergencia más sustancial.
4. Evalúe los posibles tipos de emergencias que puede enfrentar. Por ejemplo, los propietarios de viviendas pueden necesitar un fondo mayor para cubrir reparaciones inesperadas de la vivienda.
5. Evalúe la cobertura de su seguro médico. Un fondo de emergencia sólido puede ser particularmente crucial para cubrir los gastos médicos de bolsillo.

Empezar

La creación de un fondo de emergencia es un proceso gradual; la clave es la coherencia. Incluso si no puede alcanzar los tres a seis meses ideales de inmediato, tener algunos ahorros reservados es mejor que no tener ninguno. Con el tiempo, su fondo de emergencia crecerá y brindará la resiliencia financiera necesaria para afrontar desafíos inesperados.

Comience por establecer objetivos de ahorro alcanzables. Ahorrar constantemente cantidades más pequeñas a lo largo del tiempo puede generar una acumulación significativa de fondos de emergencia.

Configure transferencias automáticas desde su cuenta corriente a su fondo de emergencia designado. Esto garantiza contribuciones consistentes sin depender de esfuerzos manuales.

Asigne ganancias inesperadas, como reembolsos de impuestos o bonificaciones laborales, a su fondo de emergencia para acelerar el crecimiento.

Vuelva a evaluar periódicamente su situación financiera y ajuste el objetivo de su fondo de emergencia según sea necesario. Los cambios en los ingresos, gastos o circunstancias familiares pueden justificar ajustes.

Considere la creación de su fondo de emergencia como una prioridad financiera. Considérelo un paso esencial antes de centrarse en otros objetivos financieros, como la inversión o el gasto discrecional.

Préstamos de día de pago

Los préstamos de día de pago son una opción estándar para quienes no tienen fondos de emergencia. Un préstamo de día de pago es un préstamo de alto costo a corto plazo diseñado para brindar acceso rápido a efectivo a personas que enfrentan necesidades financieras inmediatas. Estos préstamos suelen ser montos pequeños y se espera que los prestatarios paguen el préstamo, junto con las tarifas y los intereses, antes de su próximo día de pago. Los préstamos de día de pago son conocidos por su rápido proceso de aprobación, que a menudo requiere documentación y verificaciones de crédito mínimas. Así es como funciona un préstamo de día de pago típico:

- Solicitud: Los prestatarios completan una solicitud de préstamo, generalmente proporcionando prueba de ingresos, empleo e información personal.
- Aprobación: los prestamistas de día de pago suelen aprobar los préstamos rápidamente, a menudo en cuestión de minutos, y el prestatario recibe los fondos el mismo día.
- Pago: se espera que el prestatario pague el préstamo en su totalidad, incluidos los honorarios y los intereses, antes del próximo día de pago. Algunos prestamistas pueden ofrecer la opción de extender el préstamo pagando tarifas adicionales.
- Tarifas e intereses: los préstamos de día de pago tienen altos costos y tasas de porcentaje anual. Las tarifas suelen ser una cantidad fija por cada 100 dólares prestados, y las tasas de interés pueden ser extremadamente altas, llegando a veces a los tres dígitos.

Los préstamos de día de pago tienen tasas de interés y tarifas exorbitantes, lo que atrapa a los prestatarios en un ciclo de endeudamiento y pago que rápidamente puede volverse insostenible. En lugar de depender de préstamos de día de pago para fondos de emergencia, considere crear un fondo de ahorro de emergencia con el tiempo. Incluso las pequeñas contribuciones a este fondo pueden sumar y proporcionar un colchón financiero cuando surgen gastos inesperados. Además, explorar alternativas como préstamos de cooperativas de crédito, préstamos personales con más bajas o incluso pedir prestado a amigos o familiares en caso de necesidad puede ser mucho más rentable y menos perjudicial para su futuro financiero. Educarse sobre el costo real de los préstamos de día de pago y buscar soluciones financieras más sostenibles puede ahorrar dinero y estrés a largo plazo.

Ahorros para mañanas soleados

Los ahorros implican reservar una parte de sus ingresos para necesidades, emergencias y oportunidades futuras. Por ejemplo, Tyler está ahorrando para el próximo semestre escolar.

Los ahorros a menudo se refieren a dinero que es muy líquido y de fácil acceso. Por el contrario, el dinero inmovilizado en acciones, bonos o materias primas puede tardar unos días en acceder y puede estar sujeto a pérdidas, dependiendo de las condiciones del mercado. Piense en los ahorros como dinero para emergencias y necesidades a corto plazo. Por el contrario, las inversiones, los bienes raíces y las cuentas de jubilación suelen cumplir objetivos a largo plazo.

Muchos beneficios de tener un fondo de emergencia se aplican a los ahorros, como seguridad financiera y tranquilidad.

Opciones para ahorros a corto plazo

Guardando cuentas
Qué: Los bancos y cooperativas de crédito ofrecen cuentas de ahorro tradicionales.
Ventajas: Fácil acceso a fondos, bajo riesgo y, a menudo, conlleva intereses.

Consideraciones: Las tasas de interés pueden ser más bajas en comparación con otras opciones.

Cuentas de ahorro de alto rendimiento
Qué: Cuentas de ahorro especializadas que ofrecen tasas de interés más altas que las cuentas de ahorro tradicionales.
Ventajas: Mayores ganancias por intereses y fácil acceso a los fondos.
Consideraciones: Algunas cuentas pueden tener requisitos de saldo mínimo.

Certificados de depósito
Qué: Depósitos a plazo con plazos fijos y tasas de interés.
Ventajas: Tasas de interés generalmente más altas que las cuentas de ahorro regulares, el capital está protegido.
Consideraciones: Acceso limitado a fondos hasta que venza el depósito.

Cuentas del mercado monetario
Qué: Cuentas que combinan características de cuentas corrientes y de ahorro.
Ventajas: Puede ofrecer tasas de interés más altas y capacidades de emisión de cheques.
Consideraciones: Puede tener requisitos de saldo mínimo.

Aplicaciones de ahorro automatizadas
Qué: Aplicaciones que automatizan el proceso de ahorro.
Ventajas: Simplifica el ahorro y, a menudo, incorpora funciones de establecimiento de objetivos.
Consideraciones: Consulte las tarifas y los términos asociados con aplicaciones específicas.

Fondos del mercado monetario
Qué: Fondos mutuos y cotizados en bolsa que invierten en valores del mercado monetario, como letras del tesoro de Estados Unidos.
Ventajas: Una opción de inversión segura y a corto plazo.

Consideraciones: Probablemente necesitará una cuenta de inversión para poseer valores.

Opciones para ahorros a largo plazo

Cuentas de jubilación individuales (IRA)
Tipos: IRA tradicional y Roth IRA.
Ventajas: Contribuciones potencialmente deducibles de impuestos (IRA tradicional) o retiros libres de impuestos (IRA Roth) bajo ciertas condiciones. Flexibilidad en la elección de inversiones dentro de la IRA.

Planes de jubilación patrocinados por el empleador
Tipos: Planes 401(k), 403(b) y 457.
Ventajas: Las contribuciones del empleador y la posible contrapartida proporcionan un impulso inmediato al ahorro. Crecimiento con impuestos diferidos sobre las aportaciones hasta el retiro. Deducciones automáticas de nómina para aportes fáciles.

Cuentas de ahorro para la salud (HSA):
Ventajas: Triple beneficio fiscal (los aportes, el crecimiento y los retiros para gastos médicos calificados están libres de impuestos). Se puede utilizar para gastos de atención médica a largo plazo durante la jubilación.

Las personas suelen tener efectivo, acciones, bonos y otras inversiones en estas cuentas.

Ejercicio: Pruebas de estrés

En finanzas, una prueba de estrés es un análisis o simulación diseñado para determinar la capacidad de un determinado instrumento financiero o institución financiera para hacer frente a una crisis económica. Por ejemplo, JP Morgan Chase puede realizar simulaciones basadas en los acontecimientos de la crisis financiera de 2008-09 para comprender la solidez de su balance y su solvencia.

Una pérdida inesperada del empleo o una emergencia de salud pueden afectar significativamente las finanzas de una persona. Entonces, para este ejercicio, considere cómo una pérdida de empleo, una emergencia de salud, una reparación en el hogar u otro evento importante afectaría su presupuesto. Además, considere cómo pagaría por tales eventos. Por ejemplo, una emergencia dental requiere $1,500 para solucionarse. ¿Cómo lo pagarías? ¿Reduciría sus ingresos discrecionales inmediatamente y pediría prestado la diferencia para financiar el procedimiento dental necesario?

Este ejercicio reconoce que surgen eventos no planificados y que debemos revisarlos de antemano para estar algo preparados. Alternativamente, no planificar para sorpresas o adversidades lo expondrá a turbulencias financieras.

Capítulo 9
MÁS DE 30 CONSEJOS PRINCIPALES PARA AHORRAR DINERO

Hay muchas maneras de ahorrar cientos mensuales y miles anualmente. Compartiré las cosas que hago y mis mejores consejos en este capítulo. En algunos casos, la actividad te ahorrará un poco. En otros casos, ahorrarás mucho. Por lo tanto, adopte las ideas que le resulten más útiles. Además, realice una lluvia de ideas y mejore las mías para generar ahorros y riqueza más rápido.

Consejos generales

Pagar facturas anualmente: Optar por pagar facturas anualmente en lugar de mensualmente es un movimiento financiero estratégico que puede generar ahorros significativos con el tiempo. Muchas empresas, especialmente aquellas de las industrias de streaming y software, ofrecen a los clientes la opción de pagar sus servicios anualmente. Al elegir este modelo de pago, los suscriptores suelen beneficiarse de importantes descuentos, que van del 10% al 30% o más. Si bien el costo inicial puede parecer más alto, el gasto general es notablemente menor en comparación con los pagos mensuales. Este enfoque no sólo agiliza la elaboración de presupuestos al reducir la frecuencia de las transacciones, sino que también se traduce en ahorros considerables, lo que permite a las personas asignar sus fondos de manera más eficiente.

Suscríbete y ahorra: Los programas Suscríbete y ahorra, como el que ofrece Amazon, presentan una manera conveniente y rentable para que los clientes administren compras recurrentes. Al suscribirse a entregas periódicas de artículos esenciales, las personas disfrutan de la comodidad de recibir los productos directamente en la puerta de su casa y se benefician de precios con descuento. Este servicio es ventajoso para artículos de uso habitual, como artículos de tocador, artículos para el hogar o productos básicos de despensa. El modelo de suscripción garantiza un suministro constante de artículos de primera necesidad sin la necesidad de realizar pedidos manuales repetitivos, lo que agiliza el proceso de compra. Además, los ahorros de costos asociados con Subscribe and Save contribuyen a un enfoque más consciente del presupuesto, lo que permite a los clientes asignar sus fondos de manera eficiente y evitar la molestia de tener que ir a la tienda en el último momento.

Servicios combinados: Agrupar servicios de empresas de telecomunicaciones como AT&T y Verizon puede ser una estrategia rentable para ahorrar dinero. Al combinar servicios inalámbricos, de Internet, de teléfono y de televisión, estos proveedores suelen ofrecer ofertas combinadas con importantes descuentos en comparación con la suscripción individual a cada servicio. Sin embargo, es fundamental abordar los paquetes con cuidado, teniendo en cuenta las necesidades de cada uno. Si bien los ahorros potenciales son atractivos, cambiar a un paquete es contraproducente si no utiliza plenamente los servicios adicionales incluidos. Optar por un paquete sin una necesidad real de todos los servicios incluidos puede generar gastos innecesarios. Por lo tanto, los consumidores deben evaluar cuidadosamente sus patrones de uso y preferencias antes de comprometerse con un paquete para garantizar que los ahorros de costos se alineen con sus requisitos específicos.

Revisar los planes actuales: Los proveedores de servicios actualizan y reconfiguran con frecuencia sus ofertas para atraer nuevos clientes, introduciendo planes y paquetes más competitivos con mejores condiciones o precios. Sin embargo, es posible que los clientes existentes no sean notificados automáticamente sobre estas ofertas más ventajosas. Al tomar la iniciativa de revisar los planes actuales disponibles anualmente, puede descubrir oportunidades para reducir sus gastos mensuales. Este enfoque proactivo garantiza que no se pierda ahorros potenciales al seguir con planes obsoletos o con precios excesivos. Es una forma simple pero efectiva de garantizar que obtenga el mejor valor del servicio, liberando potencialmente fondos para otras necesidades o objetivos financieros.

Aproveche los descuentos excelentes: Para personalizar la definición de descuento "excelente", establecer una base como el 20% o un mínimo de 1 dólar garantiza un umbral consistente y mensurable para decidir las compras. Cuando los ahorros alcanzan o superan esta base, la oportunidad de abastecerse de artículos, como comprar dos o más productos, como cereales o salsa de tomate, se convierte en una decisión financieramente sensata. Sin embargo, es fundamental mantener la disciplina presupuestaria y, si sus limitaciones financieras son estrictas, ajustar la lista de compras eliminando elementos no esenciales se convierte en un paso necesario.

Cambie de tienda o de proveedor: Realizar investigaciones de mercado y comparar compras de alimentos y servicios, tanto en línea como en la tienda, proporciona información valiosa sobre posibles ahorros de costos. Las personas pueden identificar opciones más económicas explorando diferentes minoristas y proveedores sin comprometer la calidad. Ya sean comestibles, seguros u otros servicios esenciales, reevaluar periódicamente las opciones disponibles garantiza que no esté pagando de más por productos o servicios que podrían ser más asequibles en otros lugares. Este cambio estratégico permite una toma de decisiones informada, lo que permite a las personas asignar sus fondos de manera más eficiente y aprovechar las opciones más rentables del mercado.

Compre usado: Ya sean muebles, ropa, productos electrónicos o incluso vehículos, el mercado de segunda mano ofrece muchas opciones rentables. Comprar usados permite a los consumidores acceder a productos de calidad a una fracción del precio que pagarían por equivalentes nuevos. Las tiendas de segunda mano, los mercados en línea y las plataformas comunitarias ofrecen una selección diversa de artículos usados en buenas condiciones. Este enfoque reduce la presión sobre su billetera y promueve la sostenibilidad al extender la vida útil de los productos y minimizar el desperdicio.

Intercambio y comercio: Las personas pueden intercambiar bienes o servicios con otros en lugar de comprar artículos nuevos, creando un intercambio mutuamente beneficioso. Las plataformas en línea, los grupos comunitarios locales o los eventos de intercambio organizados facilitan este proceso, permitiendo a las personas compartir artículos que ya no necesitan a cambio de algo que necesitan. El intercambio puede abarcar varios artículos, desde ropa y artículos para el hogar hasta libros y juguetes. Este enfoque ayuda a las personas a ahorrar dinero y promueve una cultura de reutilización, reduciendo la demanda de nuevos productos y minimizando el impacto ambiental.

No desperdicien energía: Esta debería ser una actividad estándar para reducir las facturas, sin embargo, muchas personas caen en hábitos que aumentan los costos de los servicios públicos, como dejar las luces encendidas, tomar duchas prolongadas o dejar los grifos abiertos. Aumentar la disciplina y la conciencia sobre el consumo de energía es crucial para ahorrar dinero en servicios públicos. Unos simples cambios en el comportamiento diario pueden generar ahorros significativos. Por ejemplo, apagar las luces al salir de una habitación, tomar duchas más cortas, reparar rápidamente los grifos que gotean y usar electrodomésticos de bajo consumo pueden reducir sus facturas mensuales de servicios públicos. Además, considerar la instalación de cabezales de ducha de bajo flujo y bombillas LED puede mejorar aún más el ahorro de energía. También puedes aprovechar más la luz natural abriendo las cortinas para ahorrar electricidad.

Sitios web de cupones y extensiones de navegador: Los sitios web de cupones y las extensiones de navegador son herramientas potentes para compradores inteligentes que buscan estirar sus presupuestos. Numerosas plataformas en línea, como RetailMeNot, Honey y CouponCabin, se dedican a agregar y proporcionar diversos cupones y códigos promocionales. La incorporación de estas herramientas a su rutina de compras en línea puede generar ahorros sustanciales en múltiples productos y servicios. Antes de realizar cualquier compra en línea, es aconsejable consultar estos sitios web o utilizar extensiones de navegador que encuentren y apliquen automáticamente códigos relevantes durante el pago.

Consejos para la compra y el hogar

Cíñete a tu lista: Una lista de compras cuidadosamente seleccionada te ayuda a concentrarte en artículos esenciales y evita compras impulsivas que pueden sobrecargar tu presupuesto. Antes de ir a la tienda, identifique sus necesidades, planifique las comidas y cree una lista basada en estos requisitos. Si sigue estrictamente la lista mientras compra, evitará la tentación de agregar artículos no esenciales a su carrito. Este enfoque disciplinado evita gastos excesivos y garantiza que usted tome decisiones intencionales y rentables. Muchas aplicaciones de compras excelentes están disponibles de forma gratuita.

Revise las ofertas semanales: Muchos minoristas y supermercados ofrecen ofertas semanales con precios reducidos en varios productos. Consultar periódicamente estas promociones a través de circulares en línea, aplicaciones móviles o carteles en las tiendas le permite planificar sus compras en torno a las mejores ofertas. Esto le permitirá aprovechar precios reducidos en los artículos necesarios, lo que podría ahorrar significativamente con el tiempo. Crear el hábito de revisar las ofertas semanales también promueve un gasto consciente, lo que le ayuda a tomar decisiones informadas y asignar su presupuesto de manera más eficiente. Es un paso pequeño pero eficaz para optimizar su experiencia de compra y maximizar sus ahorros.

Productos de marca privada o genéricos: Al olvidarse de las marcas y optar por marcas privadas o productos genéricos, los consumidores pueden ejecutar un enfoque de compra reflexivo y económico. Los minoristas como Costco, con su marca Kirkland, ofrecen alternativas de alta calidad a marcas conocidas a una fracción del costo. Muchas otras tiendas ofrecen marcas privadas o versiones genéricas de varios productos, desde comestibles hasta artículos para el hogar. La ventaja esencial radica en el precio más bajo, ya que estos productos no conllevan la prima de marca ni los gastos de marketing asociados con los nombres establecidos. Si bien el empaque puede diferir, la calidad y los ingredientes de los artículos genéricos o de marca privada a menudo están a la par o incluso comparables con sus homólogos de marca. Esta estrategia permite a las personas tomar decisiones rentables sin sacrificar la calidad, garantizando que cada compra cumpla con sus objetivos presupuestarios.

Compre en tiendas de dólar: Las tiendas de dólar suelen ofrecer diversos artículos de uso diario a precios significativamente más bajos que las cadenas minoristas más grandes. Puede aprovechar ahorros sustanciales explorando tiendas de un dólar en busca de artículos de primera necesidad para el hogar, artículos de limpieza, artículos de tocador y comestibles. Si bien la selección de productos puede variar, las tiendas de un dólar suelen ofrecer una buena relación calidad-precio, lo que le permite estirar aún más su presupuesto. Es esencial comparar precios y calidad para garantizar que los artículos cumplan con sus estándares. Sin embargo, incorporar las compras en tiendas de un dólar a su rutina puede ofrecerle ganancias financieras.

Compre en tiendas de alimentos a granel: Estas tiendas permiten a los clientes comprar alimentos en mayores cantidades, lo que reduce el costo por unidad. Al comprar al por mayor, a menudo se pueden aprovechar los precios más bajos de productos básicos como cereales, legumbres, nueces y frutas secas. Además, muchas tiendas de alimentos a granel ofrecen una variedad de productos, que incluyen especias, refrigerios e incluso artículos de limpieza, lo que le permite abastecerse de lo esencial a un costo general menor. Si bien la inversión inicial puede parecer mayor, los ahorros a largo plazo y la reducción del desperdicio de envases hacen que las compras al por mayor sean una opción económica y ambientalmente consciente.

Cantidades mayores: Comprar cantidades mayores, como optar por un tubo de pasta de dientes más grande, es inteligente y rentable. Los tamaños más grandes reducen la frecuencia de recompra y ofrecen un mejor valor por su dinero. Este enfoque se extiende más allá de la pasta de dientes y abarca diversos productos como artículos de limpieza, productos básicos para la despensa y artículos de tocador. Sin embargo, es importante considerar el espacio de almacenamiento y la vida útil del producto para garantizar la practicidad.

Ofertas exclusivas en línea: Aprovechar ofertas exclusivas en línea es una forma estratégica de ahorrar dinero y al mismo tiempo acceder a ofertas únicas que pueden no estar disponibles en las tiendas físicas. Los minoristas suelen utilizar promociones en línea para vender el exceso de existencias o incentivar a los clientes a comprar a través de plataformas digitales. Al aprovechar estas ofertas exclusivas en línea, los consumidores pueden disfrutar de importantes descuentos, promociones especiales o acceso a productos de edición limitada que es posible que no se encuentren en las tiendas físicas. Este enfoque permite ahorrar costos y abre oportunidades para explorar una gama más amplia de productos y descubrir gemas ocultas seleccionadas específicamente para compradores en línea. Adoptar ofertas exclusivas en línea es una manera brillante y conveniente de estirar aún más su presupuesto mientras disfruta de la conveniencia de las compras virtuales.

Descuentos posteriores a las festividades: Comprar productos de temporada y festividades después de que haya pasado el evento le permitirá ahorrar dinero. Los minoristas suelen ofrecer grandes descuentos en estos artículos para limpiar el inventario y dejar espacio para otras mercancías. Ya sean luces navideñas, disfraces de Halloween o dulces festivos, la compra de estos artículos después del evento le permite aprovechar importantes descuentos, como hasta el 90%. Si bien no podrá utilizar algunos artículos de inmediato, la planificación para el próximo año puede generar ahorros sustanciales. Sin embargo, la disponibilidad del producto puede ser impredecible. Por lo tanto, es posible que esperar para comprar un artículo específico no funcione a su favor porque los artículos con grandes descuentos se venden rápidamente.

Haga menos viajes de compras: Cada viaje a la tienda presenta oportunidades para compras impulsivas, gastos innecesarios y costos de transporte como gasolina o pasaje de autobús. Al planificar y consolidar sus compras, ya sea de comestibles, artículos para el hogar u otras necesidades, reduce la frecuencia de estas oportunidades.

Obtenga hasta la última gota: Aprovechar hasta la última gota de los artículos del hogar es una forma pequeña pero impactante de ahorrar dinero y reducir el desperdicio. Exprimir hasta el último trozo de pasta de dientes o usar cada gota de detergente para ropa garantiza maximizar el valor de los productos que compra. Esta práctica se extiende más allá de la pasta de dientes y el detergente; se aplica a cosméticos, condimentos y otros artículos del hogar. Al ser conscientes de cómo utilizamos estos productos y encontrar formas creativas de utilizar hasta el último detalle, ahorramos dinero a largo plazo y contribuimos a un estilo de vida más sostenible y ecológico. Es un hábito sencillo que se alinea con la prudencia financiera y el consumo responsable, enfatizando la importancia de minimizar el desperdicio diariamente.

Coma porciones más pequeñas: Al tener en cuenta el tamaño de las porciones, las personas pueden reducir los gastos en alimentos y al mismo tiempo satisfacer sus necesidades nutricionales. Optar por porciones más pequeñas no sólo reduce los costos de comestibles sino que también minimiza el desperdicio de alimentos. Planificar las comidas, utilizar platos más pequeños y saborear cada bocado puede ayudar a controlar el tamaño de las porciones y fomentar una relación más saludable con la comida. Además, incorporar más alimentos integrales, como frutas, verduras y cereales, en las comidas puede ser una forma nutritiva y económica de controlar las porciones.

Consejos de ropa

Amplíe la usabilidad: En lugar de reemplazar la ropa anualmente, considere adoptar un enfoque más frugal usando su ropa durante seis meses a un año más. Antes de realizar nuevas compras, evalúe el estado de su guardarropa actual e identifique los artículos que aún cumplen su propósito. Entonces, donar ropa que todavía se puede usar a tiendas de segunda mano es una práctica excelente, que contribuye a la sostenibilidad y al mismo tiempo deja espacio para nuevas incorporaciones. Mantener una hoja de cálculo para enumerar y fechar las compras de moda puede ser valioso para tomar decisiones de reemplazo informadas. Este enfoque reflexivo e intencional para la gestión del guardarropa garantiza que cada compra de ropa se alinee con sus objetivos presupuestarios y reduzca el gasto innecesario en artículos con un desgaste significativo.

Compre durante las liquidaciones de temporada: Los minoristas deben mantener su inventario actualizado para alinearse con las últimas tendencias de la moda, lo que los lleva a ofrecer descuentos sustanciales en los productos de la temporada pasada para liberar espacio para los recién llegados. Por ejemplo, a medida que el verano pasa al otoño, encontrará ropa de verano a precios con grandes descuentos para dejar espacio para las colecciones de otoño e invierno.

Estas ventas de liquidación a menudo ocurren dentro de un período definido de dos semanas, ofreciendo precios "explosivos" para mover rápidamente el stock restante. Si bien los tamaños y estilos disponibles pueden ser limitados debido a la naturaleza de liquidación de estas ventas, la sincronización estratégica y las compras rápidas pueden generar ofertas fantásticas en artículos de alta calidad. Para aprovechar al máximo estas oportunidades, es beneficioso estar atento a los calendarios de rebajas de sus tiendas favoritas y estar preparado para comprar tan pronto como comiencen las liquidaciones. Este enfoque ayuda a estirar aún más su presupuesto de ropa y le permite adquirir piezas de marcas premium a una fracción del costo.

Consejos bancarios

Evite cargos por sobregiro: Los cargos por sobregiro ocurren cuando los saldos de las cuentas caen por debajo de cero, lo que genera cargos adicionales por cada transacción realizada en este estado. Para evitar estos costosos cargos ($20 a $40 por sobregiro), es esencial vigilar de cerca el saldo de su cuenta, configurar alertas de saldo bajo y practicar un presupuesto responsable. Las herramientas o aplicaciones de presupuesto pueden ayudarle a realizar un seguimiento de sus gastos y garantizar que no gaste de más.

Evite los adelantos en efectivo: Los adelantos en efectivo a menudo conllevan tarifas y tasas de interés elevadas, lo que los convierte en una forma costosa de acceder a los fondos. Las compañías de tarjetas de crédito suelen cobrar una tarifa por los adelantos en efectivo, un porcentaje del monto retirado. Además, los intereses se acumulan inmediatamente, sin el período de gracia habitual para las compras habituales con tarjeta de crédito. Las personas pueden evitar estos costosos cargos y la posibilidad de acumular deudas con intereses elevados evitando los adelantos en efectivo. Es recomendable explorar métodos alternativos para obtener fondos, como usar una tarjeta de débito para compras o retirar efectivo de un cajero automático con una cuenta corriente, para garantizar un enfoque más rentable para administrar las finanzas.

Mantenga un saldo mínimo: Algunos bancos recompensan a los clientes que mantienen saldos mínimos. Por ejemplo, pueden renunciar a las tarifas de mantenimiento mensuales, ofrecer tasas de interés más altas en cuentas de ahorro o proporcionar cuentas corrientes gratuitas. Al mantener el saldo mínimo requerido, puede evitar cargos innecesarios y ganar más mediante tasas de interés más altas, ahorrando dinero con el tiempo. Esta estrategia requiere disciplina y una buena comprensión de su flujo de caja mensual para garantizar que el saldo no caiga por debajo del mínimo necesario. Aún así, puede generar importantes ahorros y beneficios que mejoran su salud financiera.

Otros consejos

Discuta consejos para ahorrar dinero: Pedir y compartir consejos de ahorro con amigos crea un enfoque colaborativo hacia la frugalidad, fomentando una comunidad de atención financiera. Al discutir abiertamente estrategias para ahorrar dinero, puede descubrir nuevas ideas y perspectivas que quizás no se le hayan ocurrido individualmente. Compartir información sobre cómo hacer presupuestos, encontrar ofertas o hábitos rentables puede ayudar a todos los involucrados a tomar decisiones financieras más inteligentes. Además, este esfuerzo de colaboración se extiende más allá de los consejos de ahorro y puede conducir a actividades o iniciativas grupales que promuevan una vida consciente de los costos. Cultivar un diálogo abierto sobre finanzas entre amigos fortalece las relaciones y crea un entorno de apoyo para lograr objetivos financieros compartidos.

Ordene y venda cosas: Liberará espacio físico y generará dinero extra ordenando su espacio y vendiendo pertenencias no deseadas a través de mercados en línea o ventas de garaje. En lugar de dejar que se acumulen elementos no utilizados, puede convertirlos en fondos que contribuyan directamente a su presupuesto. Este enfoque se alinea con un estilo de vida minimalista, enfatizando la calidad sobre la cantidad. El dinero ganado con la venta se puede destinar a fines específicos, ya sea financiar compras futuras, crear un fondo de emergencia o pagar deudas.

Encuentre entretenimiento más barato: En lugar de derrochar en salidas o actividades costosas, explore alternativas económicas que aún ofrezcan satisfacción. Busque eventos comunitarios, conciertos gratuitos o actividades al aire libre, que a menudo brindan entretenimiento a bajo costo o sin costo alguno. Los servicios de suscripción para transmisión de películas o plataformas en línea para juegos también pueden ofrecer opciones asequibles para el ocio en el hogar. Además, considere utilizar las bibliotecas locales para comprar libros y DVD o asistir a talleres o conferencias gratuitos. Si eres creativo y estás abierto a explorar vías de entretenimiento menos costosas, puedes reducir significativamente el gasto discrecional y, al mismo tiempo, vivir experiencias satisfactorias. Este enfoque respalda los objetivos financieros y fomenta un enfoque más consciente e intencional de las actividades de ocio.

Hágalo usted mismo: Adoptar una mentalidad de hágalo usted mismo (DIY) es un enfoque poderoso y que permite ahorrar dinero en varios aspectos de la vida. Ya sean mejoras para el hogar, manualidades o incluso reparaciones básicas, realizar las tareas usted mismo puede generar ahorros sustanciales. Los proyectos de bricolaje eliminan la necesidad de servicios profesionales y permiten a las personas aprender nuevas habilidades y obtener una sensación de logro. Desde reparaciones menores en la casa hasta la creación de regalos hechos en casa, el enfoque de bricolaje minimiza los costos de mano de obra y le permite adaptar los proyectos a su presupuesto. Los tutoriales en línea, los videos instructivos y los foros comunitarios brindan recursos valiosos para perfeccionar sus habilidades de bricolaje. Al tomar la iniciativa de realizar tareas de forma independiente, ahorra dinero y cultiva un sentido de autosuficiencia y creatividad, lo que hace que el bricolaje sea una opción de estilo de vida enriquecedora y rentable.

Contratar estudiantes: Los estudiantes suelen aportar entusiasmo, nuevas perspectivas y voluntad de aprender. Además, sus tarifas por hora o tarifas de proyecto pueden ser más económicas que contratar profesionales experimentados. Ya sea asistencia con investigación, gestión de redes sociales, diseño gráfico u otros proyectos, aprovechar la fuerza laboral estudiantil puede generar importantes ahorros de costos para empresas o individuos. Establecer expectativas y canales de comunicación claros y brindar orientación es esencial para una colaboración exitosa.

Trabaje de forma remota: La eliminación de los desplazamientos diarios no solo reduce los costos de transporte sino que también genera ahorros en combustible o gastos de transporte público. El trabajo remoto suele tener un código de vestimenta más relajado, lo que permite a las personas reducir el gasto en vestuario profesional. Otra ventaja notable es la posible reducción de los gastos de almuerzo, ya que preparar comidas en casa tiende a ser más rentable que salir a cenar. Más allá de estos ahorros inmediatos, el trabajo remoto puede mejorar el equilibrio entre la vida laboral y personal, reduciendo potencialmente el estrés y mejorando el bienestar general.

Presión de los neumáticos: Mantener la presión adecuada de los neumáticos es una forma sencilla pero eficaz de ahorrar dinero y promover la longevidad del vehículo. Una presión adecuada de los neumáticos no sólo mejora la eficiencia del combustible sino que también prolonga la vida útil de los neumáticos. Los neumáticos desinflados pueden aumentar la resistencia a la rodadura, lo que obliga al motor a trabajar más y consumir más combustible. Esto, a su vez, conlleva mayores gastos de combustible. Además, los neumáticos inflados correctamente se desgastan de manera más uniforme, lo que reduce la frecuencia de reemplazo de neumáticos y ahorra en costos de mantenimiento.

Explore opciones de transporte: En lugar de optar por un vehículo personal para viajar o trabajar diariamente, explore modos de transporte alternativos, incluido el transporte público, andar en bicicleta, caminar o compartir el automóvil. El transporte público a menudo demuestra ser una opción más rentable, ya que elimina los gastos de combustible, estacionamiento y mantenimiento asociados con los vehículos privados. Andar en bicicleta y caminar no sólo ahorran costos de transporte sino que también contribuyen a mejorar la salud y el bienestar. Compartir vehículos o viajes compartidos con colegas o vecinos permite compartir costos y reduce el impacto ambiental de los desplazamientos individuales.

Capítulo 10
Cambio de mentalidad monetaria

El éxito financiero no se trata sólo de números y matemáticas; Hay un componente psicológico en la gestión eficiente del dinero. Comprender sus actitudes, creencias y comportamientos en torno al dinero es tan crucial como dominar la elaboración de presupuestos o las estrategias de inversión. El aspecto psicológico implica reconocer los desencadenantes emocionales relacionados con el gasto, identificar creencias limitantes sobre la riqueza y cultivar una mentalidad positiva hacia las metas financieras. Al abordar estos elementos psicológicos, usted obtiene control sobre las decisiones financieras impulsivas y fomenta una relación más saludable con el dinero, allanando el camino para el bienestar y el éxito económico sostenido.

Este capítulo analiza la psicología del dinero, la transformación personal y la interacción con los miembros de la familia.

Mente sobre el dinero

Haz que el dinero sea tu amigo

El concepto "Haz del dinero tu amigo" gira en torno a cambiar la perspectiva de ver el dinero únicamente como un medio de supervivencia o una fuente de estrés a verlo como un aliado valioso. Este enfoque alienta a las personas a fomentar una relación positiva con sus finanzas, reconociendo el potencial del dinero para permitir el crecimiento personal, brindar seguridad y abrir puertas a oportunidades. Además, aceptar el dinero como un amigo significa comprender y respetar su valor, aprender a gestionarlo sabiamente y utilizarlo para alinearlo con los valores y objetivos propios. Implica ir más allá del miedo y la ansiedad que rodean los asuntos financieros y adoptar una mentalidad de abundancia y posibilidades. Al hacerlo, las personas pueden liberarse de creencias limitantes que obstaculizan su progreso financiero y comenzar a tomar decisiones más informadas y empoderadas. Hacer que el dinero sea tu amigo consiste en acumular riqueza y desarrollar una relación sana, equilibrada y proactiva con las finanzas para respaldar una vida plena y próspera.

Tu mentalidad monetaria

Embarcarse en un viaje para transformar su mentalidad monetaria es un esfuerzo poderoso y reflexivo. Empiece por tomarse un momento para reflexionar sobre sus creencias, actitudes y comportamientos relacionados con el dinero. Esta autoconciencia es el primer paso para iniciar un cambio positivo en su vida financiera.

Considere su educación, experiencias pasadas e influencias culturales que pueden haber moldeado sus puntos de vista sobre el dinero. ¿Qué opinas de la riqueza, el éxito y la seguridad financiera? ¿Existen emociones o recuerdos específicos relacionados con sus decisiones financieras? Comprender estos aspectos proporciona información valiosa sobre las raíces de su forma de pensar actual.

Es esencial identificar cualquier creencia limitante o patrón de pensamiento negativo que pueda estar actuando como barrera para su crecimiento financiero. Estos podrían ser pensamientos como "No soy bueno con el dinero" o "Nunca podré ahorrar lo suficiente". Identificar estas creencias le permite confrontarlas y desafiarlas.

Pregúntese: ¿Qué historias o narrativas se ha estado contando sobre el dinero? ¿Hay patrones recurrentes en su comportamiento financiero que lo frenan? Quizás haya internalizado las expectativas sociales o haya heredado creencias limitantes de familiares y amigos. Identificar estos patrones le permite liberarse de sus limitaciones.

El propósito de esta reflexión no es juzgar ni criticar sino comprender y crecer. Reconozca que todos tienen áreas en las que pueden mejorar y evolucionar, y su voluntad de explorar su mentalidad monetaria es un primer paso encomiable hacia un cambio positivo.

Mientras profundizas en este proceso, sé paciente y compasivo contigo mismo. Transformar su mentalidad monetaria es un viaje, no un destino. Al aclarar sus creencias e identificar posibles obstáculos, allana el camino para una relación más sana y empoderadora con el dinero.

Aproveche esta oportunidad para visualizar la mentalidad financiera que aspira cultivar. ¿Qué creencias y actitudes respaldarían sus objetivos financieros y su bienestar? Utilice esta reflexión como base para los cambios positivos que pretende realizar hacia el crecimiento y la realización financieros.

Experiencias y valores

Las actitudes de las personas hacia el dinero están intrincadamente entrelazadas con sus experiencias y valores de vida, creando una mentalidad financiera única moldeada por varios factores.

La infancia juega un papel fundamental, y el ambiente financiero en el hogar influye en las percepciones tempranas sobre la administración del dinero.

La formación académica contribuye significativamente, ya que la educación financiera influye en las actitudes hacia la elaboración de presupuestos, las inversiones y la educación financiera general. Las influencias culturales y sociales, incluidas las expectativas y normas relacionadas con el gasto y el ahorro, moldean aún más las perspectivas financieras individuales.

Las experiencias financieras personales, ya sean marcadas por éxitos o reveses, dejan huellas duraderas que influyen en las tendencias a asumir riesgos o en la preferencia por la cautela financiera. La influencia de los pares y las comparaciones sociales afectan los hábitos de gasto, ya que los individuos pueden esforzarse por alinearse con las expectativas externas.

Los acontecimientos de la vida, especialmente aquellos marcados por un trauma o un cambio significativo, pueden alterar profundamente las actitudes financieras, fomentando una mayor atención a la seguridad o la aversión al riesgo. Los valores y prioridades personales, como la importancia de la familia, las experiencias o la filantropía, guían las decisiones financieras e influyen en cómo las personas asignan sus recursos.

Al reconocer la interacción entre experiencias y valores, las personas pueden comprender mejor sus actitudes financieras y tomar decisiones intencionales alineadas con sus perspectivas únicas y planes a largo plazo.

Mitos y conceptos erróneos

Al confrontar los mitos comunes y reevaluar sus creencias sobre el dinero, puede adoptar una mentalidad financiera más positiva y empoderadora. Esta transformación mejora su relación con el dinero y respalda su viaje general hacia el éxito financiero y la realización personal. Aquí hay cuatro mitos comunes:

- Riqueza es igual a felicidad: Uno de los mitos más extendidos es que adquirir riqueza conduce automáticamente a la felicidad. Si bien la estabilidad financiera puede aliviar el estrés relacionado con la inseguridad financiera, la felicidad está influenciada por varios factores, incluidas las relaciones, la realización personal, la salud y más. La riqueza puede brindar oportunidades y comodidad, pero no es una fuente garantizada de felicidad.
- Debes nacer con dinero para ser rico: Este mito perpetúa la creencia de que la riqueza y el éxito son exclusivos de quienes los heredan. Sin embargo, innumerables historias de personas que se han hecho a sí mismas demuestran que es posible lograr un éxito financiero significativo mediante el trabajo

duro, la innovación y la perseverancia, independientemente del punto de partida.
- La inversión es sólo para los ricos: Muchos creen que la inversión es un mundo complejo e inaccesible reservado para quienes ya son ricos. Los avances tecnológicos y la educación financiera han hecho que la inversión sea más accesible que nunca. Con la llegada de las aplicaciones y plataformas de microinversión, las personas pueden empezar a invertir con pequeñas cantidades de dinero.
- La deuda siempre es mala: Si bien el exceso de deuda puede ser perjudicial, no todas las deudas son negativas. Los préstamos estratégicos, como los préstamos estudiantiles para la educación o las hipotecas para la propiedad de una vivienda, pueden considerarse inversiones en su futuro. La clave es gestionar la deuda de forma inteligente y garantizar que se alinee con sus aspiraciones a largo plazo.

Creencias negativas o limitantes

Empiece por escribir sus creencias sobre el dinero, la riqueza y el éxito. Reconocer cuáles de estos son negativos o limitantes. Reconocer estas creencias es el primer paso para desafiarlas.

Para cada creencia limitante, busque evidencia que la contradiga. Si cree que no puede alcanzar la riqueza debido a sus antecedentes, investigue historias de personas que hayan tenido éxito a pesar de desafíos similares o más importantes.

Una vez que hayas identificado y desafiado tus creencias limitantes, esfuérzate por reformularlas en afirmaciones positivas. Por ejemplo, cambie "Nunca seré bueno con el dinero" por "Soy capaz de aprender y mejorar mis habilidades de gestión financiera".

El conocimiento es una herramienta poderosa para superar conceptos erróneos. Invierta tiempo en educación financiera a través de libros, cursos, podcasts y seminarios. Comprender los conceptos básicos de las finanzas personales, las inversiones y la creación de riqueza puede desmitificar muchos conceptos erróneos y empoderarlo para tomar decisiones informadas.

Su entorno y su red pueden influir significativamente en sus creencias y actitudes hacia el dinero. Rodéate de personas que tengan una relación sana con el dinero y el éxito. Participar en comunidades que apoyan la educación financiera y el crecimiento personal.

Centrarse en lo que tiene en lugar de en sus deficiencias puede cambiar su perspectiva sobre la riqueza y el éxito. Practicar la gratitud y la atención plena te ayuda a apreciar la abundancia en tu vida, reduciendo las emociones negativas ligadas a las metas financieras.

Transformación y crecimiento

Cultivar una mentalidad monetaria positiva

La forma en que percibimos y abordamos nuestro viaje financiero influye significativamente en los resultados que experimentamos. Una mentalidad optimista mejora nuestra resiliencia frente a los desafíos, atrae oportunidades y fomenta la toma de decisiones proactiva. Adoptar una mentalidad positiva implica reconocer y apreciar la abundancia en nuestras vidas. En lugar de centrarse en la escasez o lo que puede faltar, implica reconocer los recursos, oportunidades y fortalezas a nuestra disposición. Este cambio de perspectiva sienta las bases para un enfoque más abierto y constructivo de la planificación financiera.

Las prácticas que cambian la mentalidad desempeñan un papel crucial en el fomento de esta perspectiva positiva. La gratitud, como práctica, implica reconocer y apreciar intencionalmente los aspectos positivos de nuestras vidas, incluidas nuestras circunstancias financieras. Expresar gratitud con regularidad por la estabilidad económica, las oportunidades y las relaciones de apoyo puede cambiar nuestra perspectiva sobre la riqueza. La visualización es otra herramienta poderosa con la que las personas imaginan mentalmente el futuro financiero que desean. Esta práctica ayuda a crear una imagen vívida de éxito, reforzando la creencia de que tales resultados son alcanzables. Las afirmaciones o declaraciones positivas repetidas constantemente contribuyen a reconfigurar nuestros patrones de pensamiento. Al afirmar nuestra capacidad para alcanzar objetivos financieros y mantener una relación sana con el dinero, reforzamos las creencias positivas y reducimos los pensamientos autolimitantes.

Estas prácticas que cambian la mentalidad no son simplemente ejercicios de pensamiento positivo, sino herramientas prácticas que influyen en nuestros comportamientos y decisiones. A medida que incorporamos gratitud, visualización y afirmaciones en nuestras rutinas diarias, creamos un circuito de retroalimentación positiva que alinea nuestros pensamientos, emociones y acciones con nuestras aspiraciones financieras. Fomentar una mentalidad positiva y orientada a la abundancia no se trata sólo de hacer ilusiones; se trata de adoptar un enfoque proactivo y empoderado en nuestro recorrido financiero, maximizando nuestro potencial de éxito y satisfacción.

Desarrolla buenos hábitos

En lugar de centrarse únicamente en lograr objetivos financieros específicos, cultivar hábitos como la elaboración de presupuestos, el ahorro y el gasto inteligente promueve un enfoque holístico y adaptativo hacia la felicidad financiera. Los buenos hábitos forman la columna vertebral de un comportamiento financiero coherente y responsable, proporcionando un marco que puede resistir la imprevisibilidad de la vida.

Las personas desarrollan una mentalidad que prioriza la disciplina financiera, la resiliencia y la adaptabilidad concentrándose en los hábitos. Este énfasis en los hábitos reconoce que el éxito financiero es un viaje, y el impacto acumulativo de comportamientos positivos consistentes es más influyente que centrarse en logros aislados. Además, desarrollar buenos hábitos financieros fomenta una relación proactiva y consciente con el dinero, lo que permite a las personas afrontar los desafíos y aprovechar las oportunidades a medida que surgen, contribuyendo en última instancia a un futuro financiero más seguro y equilibrado.

Celebre sus victorias

Al buscar la libertad financiera, es fácil pasar por alto hitos más pequeños; sin embargo, estos logros contribuyen significativamente al progreso general. Reconocer y celebrar estas victorias, ya sea ceñirse a un presupuesto, ahorrar una determinada cantidad o pagar una deuda, infunde una sensación de logro y motivación. Celebrar pequeñas victorias genera impulso y refuerza la creencia de que se pueden lograr objetivos más grandes.

Igualmente importante es cultivar una mentalidad de gratitud y satisfacción en medio del camino hacia objetivos financieros más sustanciales. Si bien es natural aspirar a hitos financieros más notables, practicar la gratitud por la estabilidad financiera, las oportunidades y los recursos actuales genera una sensación de satisfacción. Este cambio de mentalidad ayuda a contrarrestar la tendencia a perseguir constantemente el siguiente objetivo sin apreciar el presente. La gratitud fomenta la satisfacción y reduce el estrés asociado con buscar siempre más. Equilibrar la búsqueda de objetivos financieros ambiciosos con la gratitud por las bendiciones actuales crea un enfoque armonioso y positivo para la administración del dinero. Al reconocer los logros, grandes y pequeños, y mantener una actitud de agradecimiento, las personas pueden construir una relación más sana y sostenible con sus finanzas.

Busque orientación profesional

Uno de mis objetivos al escribir este libro fue brindarle toda la información y los consejos que necesita para mejorar sus finanzas de forma independiente. Sin embargo, "ayuda" no es una mala palabra de cuatro letras. En cambio, la asistencia adecuada a un precio asequible puede acelerar sus resultados.

Si bien administrar las finanzas personales de forma independiente es valioso, colaborar con expertos financieros agrega una capa de conocimiento y experiencia que puede mejorar significativamente la estrategia financiera.

Los asesores financieros, planificadores financieros, asesores y consultores poseen conocimientos sobre panoramas financieros complejos y ofrecen asesoramiento personalizado según las circunstancias individuales. Ya sea creando un plan financiero integral, optimizando inversiones o analizando las implicaciones fiscales, los profesionales aportan un conocimiento profundo que puede ser difícil de lograr por sí solos. Su perspectiva objetiva puede ayudar a las personas a tomar decisiones informadas, especialmente durante acontecimientos importantes de la vida o incertidumbres económicas. Colaborar con profesionales no solo proporciona soluciones financieras estratégicas sino que también fomenta una sensación de confianza y seguridad en el viaje financiero. Es una inversión en el éxito financiero presente y futuro, que ofrece orientación personalizada para navegar por las complejidades del mundo financiero. Miremos más de cerca a los profesionales financieros y sus responsabilidades.

Consejero de crédito

Un asesor de crédito es un profesional que se especializa en brindar orientación y asistencia a personas que enfrentan desafíos relacionados con su crédito y gestión de deudas. Estos asesores trabajan en estrecha colaboración con los clientes para evaluar su situación financiera, revisar informes crediticios y desarrollar estrategias para mejorar su solvencia. Los asesores de crédito pueden ofrecer asesoramiento sobre elaboración de presupuestos, planes de pago de deudas y negociación con acreedores para reducir las tasas de interés o crear calendarios de pago más manejables. También educan a los clientes sobre comportamientos financieros responsables para prevenir futuros problemas crediticios. Muchos asesores de crédito trabajan para organizaciones sin fines de lucro y tienen como objetivo capacitar a las personas para que recuperen el control de sus finanzas y construyan un futuro más estable.

Entrenador de dinero o finanzas

Un asesor financiero, a menudo llamado asesor financiero, se enfoca en guiar a las personas a desarrollar una relación sana y positiva con el dinero. A diferencia de los asesores financieros tradicionales que ofrecen principalmente asesoramiento sobre inversiones, los asesores financieros profundizan en los comportamientos, creencias y actitudes de los clientes hacia el dinero. Ayudan a los clientes a identificar y superar barreras financieras emocionales y psicológicas, brindándoles estrategias prácticas para presupuestar, ahorrar y lograr metas financieras. Los asesores financieros a menudo capacitan a los clientes para que tomen decisiones informadas y desarrollen hábitos financieros positivos.

Planeador financiero

Un planificador financiero es un profesional que adopta un enfoque holístico para el bienestar financiero de un individuo. Evalúan varios aspectos de la situación financiera de un cliente, incluidos ingresos, gastos, inversiones, seguros y planificación patrimonial. Los planificadores financieros crean planes financieros integrales que describen estrategias específicas para ayudar a los clientes a lograr sus objetivos a corto y largo plazo. Estos profesionales también pueden ofrecer orientación sobre planificación de la jubilación, gestión fiscal y gestión de riesgos para garantizar una estrategia financiera integral y personalizada.

Asesor de inversiones

Un asesor de inversiones se especializa en brindar asesoramiento y orientación sobre asuntos relacionados con las inversiones. Este profesional ayuda a los clientes a tomar decisiones informadas sobre la asignación de sus activos, la selección de inversiones específicas y la gestión de sus carteras. Los asesores de inversiones se mantienen al tanto de las tendencias del mercado, los factores de riesgo y las condiciones económicas para brindar recomendaciones personalizadas que se alineen con los objetivos financieros de los clientes. Pueden trabajar con personas, familias o instituciones para optimizar el rendimiento de las inversiones y mitigar los riesgos. En lugar de un asesor humano, millones de personas utilizan roboadvisers y aplicaciones de inversión para invertir en carteras de fondos cotizados en bolsa de bajo costo, por ejemplo, Acorns y Betterment.

Contador de impuestos

Los contadores fiscales ayudan a las personas a afrontar las complejidades de los impuestos. Estos expertos se centran en varios aspectos de la situación financiera de un individuo, principalmente relacionados con la preparación y planificación de impuestos. Los contadores fiscales personales trabajan en estrecha colaboración con los clientes para recopilar información financiera, evaluar la elegibilidad para deducciones y créditos y garantizar la presentación precisa y oportuna de las declaraciones de impuestos anuales. Más allá de la temporada de impuestos, participan en una planificación fiscal proactiva, asesorando a los clientes sobre estrategias para optimizar sus posiciones fiscales y minimizar sus obligaciones durante todo el año. Estos profesionales se mantienen al tanto de los cambios en las leyes tributarias y brindan orientación actualizada para garantizar el cumplimiento. En caso de auditorías o consultas de las autoridades tributarias, los contadores fiscales personales actúan como defensores de sus clientes, facilitando la comunicación y la resolución. Su apoyo durante todo el año atiende las consultas de los clientes, ofrece asesoramiento sobre decisiones financieras con implicaciones fiscales y ayuda con la planificación patrimonial o las consideraciones de jubilación.

Elegir profesionales financieros

Elegir al profesional financiero adecuado es una decisión crítica que puede afectar significativamente sus asuntos financieros. A continuación se detallan algunos pasos que lo guiarán en la selección de un profesional financiero.

Identifique sus necesidades y objetivos financieros. Ya sea que necesite ayuda con la elaboración de presupuestos, inversiones, planificación de la jubilación o gestión de deudas, comprender sus requisitos específicos guiará su selección.

Familiarícese con profesionales financieros, como asesores financieros, planificadores, asesores de inversiones y asesores de crédito. Cada uno tiene un enfoque distinto y su elección debe alinearse con sus prioridades.

Busque profesionales con credenciales y calificaciones relevantes. Certificaciones como Planificador financiero certificado (CFP), Analista financiero colegiado (CFA) o

Contador público certificado (CPA) indican un compromiso con el profesionalismo y la experiencia.

Evalúa la experiencia del profesional al afrontar situaciones como la tuya. Solicite referencias o reseñas y considere cuánto tiempo llevan ejerciendo en la industria financiera.

Comprender la estructura de honorarios del profesional. Algunos cobran tarifas por hora, mientras que otros trabajan por una comisión o un porcentaje de los activos bajo gestión. Garantice la transparencia en su compensación y que la estructura de tarifas se alinee con sus preferencias.

Elija un profesional financiero con un deber fiduciario, lo que significa que está legalmente obligado a actuar en su mejor interés. Esto asegura que sus recomendaciones prioricen su bienestar financiero.

Presta atención al estilo comunicativo del profesional. Un buen asesor financiero debería poder explicar conceptos complejos de una manera que usted comprenda. La comunicación y las actualizaciones periódicas son esenciales para una asociación exitosa.

Considere qué tan accesible es el profesional y si puede adaptarse a sus métodos de comunicación preferidos. Tener un asesor receptivo y disponible es crucial, especialmente durante decisiones financieras importantes o fluctuaciones del mercado.

Elija a alguien cuyos valores y enfoque se alineen con los suyos. Una buena combinación en términos de personalidad y estilo de comunicación puede contribuir a una relación laboral más productiva y satisfactoria.

No dude en entrevistar a varios candidatos. Esto le permitirá comprender mejor los diferentes enfoques y le ayudará a tomar una decisión informada.

Investigar la historia disciplinar del profesional a través de organismos u organizaciones reguladoras. Esta información puede proporcionar información sobre su conducta ética.

Compromiso familiar

Participar en conversaciones abiertas y honestas sobre asuntos financieros dentro de su familia, especialmente con su pareja o sus hijos, es un poderoso catalizador para numerosos resultados positivos.

Discutir asuntos financieros dentro de una relación crea un espacio para la conexión emocional y la comprensión. Es una oportunidad para compartir aspiraciones, inquietudes y objetivos, profundizando el vínculo entre socios. Al comunicarse abiertamente sobre el dinero, aborda cuestiones financieras y fortalece la base emocional de su relación.

El dinero puede ser una fuente importante de estrés en muchos hogares. Hablar de asuntos financieros permite una liberación catártica de este estrés. Al expresar inquietudes, compartir cargas y resolver problemas colectivamente, está abordando los aspectos prácticos de los desafíos financieros y aliviando el costo emocional que pueden tener. Transforma el estrés financiero de una carga aislante a una responsabilidad compartida.

Para las familias con niños, involucrarlos en discusiones financieras crea un sentido de unidad y propósito compartido. Fomenta un entorno en el que todos se sienten parte de un equipo que trabaja por objetivos comunes. Esta unidad fortalece los lazos familiares e inculca una mentalidad colectiva, reforzando que las decisiones financieras impactan a toda la familia.

Participar en conversaciones financieras con los niños invierte en su educación financiera y habilidades para la vida. Les brinda educación del mundo real sobre cómo hacer presupuestos, ahorrar y gastar responsablemente. Estas conversaciones sientan las bases para una relación sana con el dinero, preparándolos para la futura independencia financiera y la toma de decisiones.

En una relación, discutir asuntos financieros garantiza que ambos socios estén en sintonía con respecto a sus objetivos financieros. Es una oportunidad para alinear visiones para el futuro, ya sea ahorrando para una casa, planificando su educación o preparándose para la jubilación. Esta alineación ayuda a prevenir malentendidos, fomenta un sentido de responsabilidad compartida y promueve la toma de decisiones conjunta.

La comunicación transparente sobre asuntos financieros establece una cultura de responsabilidad dentro de la familia. Alienta a todos a asumir la responsabilidad de sus funciones y responsabilidades financieras. Ya sea que se cumpla un presupuesto, se contribuya a ahorrar o se tomen decisiones financieras, las discusiones abiertas crean un sentido de responsabilidad que fortalece la salud financiera de la familia.

En esencia, hablar de asuntos financieros dentro de la familia no es sólo un enfoque pragmático para administrar el dinero; es una estrategia holística que fomenta la conexión emocional, enseña valiosas habilidades para la vida y fomenta un sentido de unidad y responsabilidad. Transforma las discusiones financieras de posibles fuentes de tensión en oportunidades de crecimiento, comprensión y éxito compartido.

Capítulo 11
Aplicaciones financieras de cinco estrellas

Hace décadas, los bancos y las empresas de inversión eran casi los únicos navegadores para las personas que gestionaban sus asuntos financieros. El panorama es muy diferente hoy en día, con alternativas innovadoras y de bajo costo que están transformando la industria de servicios financieros. El auge de las empresas de tecnología financiera, las plataformas en línea y los robo-advisors ha democratizado el acceso a las herramientas financieras, ofreciendo a las personas muchas opciones más allá de la banca tradicional. Este cambio permite a los consumidores tomar el control de sus finanzas, acceder a una gama más amplia de servicios y elegir plataformas que se alineen con sus necesidades y preferencias específicas. El ecosistema financiero en evolución refleja un enfoque más inclusivo y dinámico, que brinda a las personas la flexibilidad de adaptar su recorrido financiero de maneras inimaginables en el pasado.

Este capítulo revisa las mejores aplicaciones y herramientas financieras para educación, elaboración de presupuestos, reducción de deuda, banca, preparación de impuestos y más.

Educación

Investopedia es una plataforma educativa líder que ofrece una aplicación integral para aprender sobre finanzas e inversiones. Proporciona artículos, tutoriales y vídeos que cubren diversos temas financieros, desde conceptos básicos hasta estrategias de inversión avanzadas. La aplicación de Investopedia es un recurso valioso para personas que buscan mejorar sus conocimientos financieros y tomar decisiones informadas.

Coursera es una plataforma líder de aprendizaje en línea que brinda a las personas acceso a cursos, certificaciones y programas de grado diversos y de alta calidad. Coursera colabora con universidades, instituciones y expertos de la industria de renombre en todo el mundo para ofrecer contenido educativo en diversas disciplinas. La plataforma aprovecha una combinación de videoconferencias, cuestionarios interactivos y tareas calificadas por pares para brindar una educación en línea atractiva y eficaz. La flexibilidad de Coursera permite a los usuarios aprender a su propio ritmo, lo que la convierte en una opción accesible para personas que buscan mejorar, reciclar o obtener credenciales académicas. Visite el sitio y busque "finanzas personales" para conocer sus ofertas actuales.

La aplicación de NerdWallet combina contenido educativo con herramientas prácticas para ayudar a los usuarios a tomar decisiones financieras informadas. Ofrece guías sobre tarjetas de crédito, préstamos, seguros e inversiones, junto con calculadoras y herramientas de comparación. La aplicación de NerdWallet es fácil de usar y ofrece recomendaciones personalizadas basadas en preferencias y objetivos financieros individuales, lo que la convierte en un recurso valioso para quienes buscan orientación en diversas áreas financieras.

Presupuesto

YNAB (You Need A Budget) es una popular aplicación de presupuesto con una filosofía de presupuesto de base cero. Ayuda a los usuarios a asignar cada dólar a categorías específicas, asegurando un propósito para cada centavo. YNAB ofrece sincronización en tiempo real entre dispositivos, funciones de establecimiento de objetivos e informes detallados que permiten a los usuarios tomar el control de sus finanzas. Con una interfaz fácil de usar y recursos educativos, YNAB se destaca por su eficacia para ayudar a personas y familias a crear y respetar un presupuesto.

PocketGuard es conocido por su simplicidad y diseño intuitivo. Se conecta a las cuentas financieras de los usuarios, clasifica las transacciones y muestra una descripción general del gasto frente a los ingresos. La característica destacada de PocketGuard es su métrica "In My Pocket", que muestra cuánto dinero está disponible para gastos discrecionales después de facturas y ahorros. Con categorías de presupuesto personalizables y capacidades de establecimiento de objetivos, PocketGuard se destaca por su enfoque sencillo de gestión financiera.

Rocket Money ofrece una aplicación de finanzas personales para ayudar a los usuarios a ahorrar dinero, administrar sus suscripciones y estar al tanto de sus facturas. La aplicación analiza automáticamente los hábitos de gasto de los usuarios para identificar áreas en las que pueden estar gastando de más u olvidándose de los cargos recurrentes. También permite a los usuarios cancelar suscripciones no deseadas directamente desde la aplicación y proporciona alertas sobre los próximos pagos de facturas. Además, Rocket Money ofrece una función de "Autoguardado" que permite a los usuarios establecer objetivos de ahorro y transferir fondos automáticamente a una cuenta separada. Rocket Money tiene como objetivo brindar a los usuarios una mayor visibilidad de sus finanzas y capacitarlos para tomar decisiones más informadas sobre sus hábitos de gasto y ahorro.

Reducción de Deuda

La aplicación Debt Payoff Planner agiliza el proceso de gestión de deudas pendientes al permitir a los usuarios ingresar información detallada sobre cada deuda, incluidas tasas de interés, pagos mínimos y saldos totales. Una de sus características clave es la capacidad de los usuarios de establecer objetivos financieros personalizados, ya sea una fecha de pago específica o una estrategia de pago de deuda preferida, como el método de bola de nieve o avalancha. Luego, la aplicación genera un plan de pago de deuda personalizado, desglosando las contribuciones mensuales a cada cuenta de deuda. Con el seguimiento visual del progreso, los usuarios pueden monitorear su camino hacia la liberación de deudas, ganando motivación y claridad en su camino financiero. Además, la aplicación Debt Payoff Planner a menudo incluye funciones de planificación de escenarios, que permiten a los usuarios simular el impacto de pagos adicionales o cambios de estrategia.

Puntajes de crédito

La aplicación Credit Karma es una herramienta financiera integral y fácil de usar que brinda a las personas información sobre su salud crediticia y su bienestar financiero general. Con una interfaz limpia e intuitiva, la aplicación permite a los usuarios acceder a sus puntajes crediticios de las principales agencias de crédito, brindando una instantánea clara de su solvencia crediticia. Más allá de los puntajes crediticios, Credit Karma ofrece informes crediticios detallados, destacando los factores que influyen en los puntajes y brinda recomendaciones personalizadas para mejorar. Una característica destacada es el Monitoreo de Crédito de la aplicación, que alerta a los usuarios sobre cambios en sus informes de crédito, ayudándolos a mantenerse alerta contra posibles fraudes o errores. Credit Karma proporciona a los usuarios diversos recursos financieros, incluidos artículos educativos, herramientas de preparación de impuestos y recomendaciones personalizadas de tarjetas de crédito o préstamos basadas en sus perfiles crediticios. Como servicio gratuito, la aplicación Credit Karma permite a los usuarios tomar decisiones financieras informadas, monitorear su salud crediticia y trabajar para lograr sus objetivos financieros.

La aplicación CreditWise de Capital One es una herramienta gratuita diseñada para ayudar a las personas a monitorear y mejorar su salud crediticia. Accesible para los clientes de Capital One y el público, la aplicación ofrece acceso en tiempo real a su puntaje crediticio, específicamente a los datos de TransUnion, un modelo de puntaje crediticio comúnmente utilizado. Más allá de simplemente proporcionar un puntaje crediticio, CreditWise se destaca por ofrecer un informe crediticio detallado que ayuda a los usuarios a comprender los factores que afectan su puntaje, como la utilización del crédito, el historial de pagos y las consultas recientes. Una de sus características notables es el Simulador de crédito, que permite a los usuarios ver cómo ciertas decisiones financieras, como pagar deudas o abrir una nueva cuenta, pueden afectar su puntaje crediticio. Este enfoque proactivo permite a los usuarios tomar decisiones económicas informadas. Además, CreditWise ofrece consejos personalizados para mejorar la salud crediticia y alerta a los usuarios sobre posibles fraudes de identidad al escanear la web oscura en busca de su información. No es necesario ser titular de una tarjeta Capital One para utilizar esta herramienta.

La banca móvil

Chime es un banco digital que ofrece cuentas corrientes y de ahorro y otros servicios financieros como depósito directo, depósitos de cheques móviles y protección contra sobregiros sin cargo. Una característica única de Chime es su servicio "SpotMe", que permite a los clientes elegibles sobregirar sus cuentas hasta $100 sin incurrir en cargos. La aplicación móvil de Chime también incluye herramientas de elaboración de presupuestos y funciones de ahorro automático, lo que facilita a los usuarios realizar un seguimiento de sus gastos y aumentar sus saldos de ahorro con el tiempo.

Current es otra plataforma de banca digital que ofrece cuentas corrientes y tarjetas de débito a adolescentes y adultos jóvenes. La aplicación Current incluye controles parentales, notificaciones de transacciones en tiempo real y acceso temprano a cheques de pago con depósito directo. Current también ofrece recompensas de devolución de efectivo en comerciantes específicos y se ha asociado con empresas como Netflix y Spotify para ofrecer descuentos en servicios de transmisión populares.

Varo es una aplicación de banca móvil que ofrece cuentas corrientes y de ahorro aseguradas por la FDIC, herramientas de elaboración de presupuestos, funciones de ahorro automatizadas y protección contra sobregiros sin cargo. Varo se destaca por su cuenta de ahorros de alto rendimiento, que frecuentemente es más alta que la de muchos bancos tradicionales. Varo también ofrece una variedad de productos para generar crédito, incluida una tarjeta de crédito asegurada y préstamos personales, lo que la convierte en una buena opción para las personas que buscan mejorar su puntaje crediticio.

Las tasas hipotecarias

Bankrate es un sitio web financiero bien establecido que proporciona información completa sobre diversos productos financieros, incluidas las hipotecas. Le permite comparar tasas hipotecarias de diferentes prestamistas y ofrece herramientas y recursos adicionales para ayudarle con su decisión.

LendingTree es un popular mercado en línea que conecta a prestatarios con prestamistas. Le permite comparar las tasas hipotecarias de varios prestamistas después de completar un único formulario en línea. LendingTree también proporciona herramientas para explorar diferentes opciones de préstamos.

Zillow, conocida por sus listados de bienes raíces, ofrece una herramienta de comparación de tasas hipotecarias. Proporciona una interfaz sencilla para comparar tasas y explorar diferentes opciones de préstamos según su situación financiera y sus preferencias.

Credible es un mercado en línea que le permite comparar ofertas de préstamos personalizados de varios prestamistas, incluidas las tasas hipotecarias. Simplifica el proceso al presentar múltiples opciones de préstamos en un solo lugar.

Invertir

Acorns es una aplicación de microinversión que redondea las compras diarias al dólar más cercano e invierte el cambio sobrante. Ofrece un enfoque de no intervención para invertir, lo que lo hace accesible para personas que buscan comenzar con pequeñas cantidades. Acorns también ofrece gestión automatizada de cartera, contenido educativo y funciones como "Found Money", donde los usuarios pueden obtener reembolsos por compras realizadas con marcas asociadas.

Betterment emplea un enfoque de robo-advisor para crear y gestionar carteras de inversión diversificadas en función de los objetivos financieros, la tolerancia al riesgo y los horizontes temporales de los usuarios. Los sofisticados algoritmos de Betterment optimizan continuamente las carteras, reequilibrando y reinvirtiendo dividendos automáticamente para maximizar la rentabilidad. Los usuarios se benefician de funciones como inversión basada en objetivos, estrategias fiscalmente eficientes y depósitos automáticos. La interfaz intuitiva de la aplicación proporciona información clara sobre el rendimiento de la cartera y el progreso hacia los objetivos financieros. Con tarifas bajas y un compromiso con la transparencia, Betterment se ha vuelto popular entre quienes buscan un enfoque no intervencionista pero personalizado para la creación de riqueza a largo plazo.

Vanguard es una plataforma de inversión bien establecida conocida por sus fondos indexados de bajo costo y su compromiso con los intereses de los inversores. La aplicación Vanguard permite a los usuarios administrar sus carteras de inversión, acceder a materiales de investigación y ejecutar operaciones. Con un enfoque en inversiones a largo plazo y varias opciones de fondos de bajo costo, Vanguard atrae a quienes buscan una plataforma confiable y acreditada para generar riqueza a lo largo del tiempo.

Wealthfront es una destacada plataforma de robo-advisor que ofrece un enfoque simplificado e impulsado por la tecnología para la gestión de inversiones. Dirigida a inversores que buscan un enfoque de no intervención, la aplicación aprovecha algoritmos para construir y optimizar carteras diversificadas basadas en objetivos financieros individuales, tolerancia al riesgo y horizontes temporales. Los puntos de venta únicos de Wealthfront incluyen la recolección de pérdidas fiscales, diseñada para minimizar las obligaciones fiscales, y la indexación directa, que mejora la eficiencia fiscal de las cuentas sujetas a impuestos. La herramienta Path de la aplicación proporciona una planificación financiera integral, proyecta la riqueza futura y ofrece información sobre los viajes financieros de los usuarios. Wealthfront también prioriza la inversión de bajo costo y sin comisiones, lo que la convierte en una opción atractiva para quienes buscan una solución de inversión sencilla pero sofisticada para hacer crecer su patrimonio con el tiempo.

Transferencia de dinero (local)

PayPal es uno de los sistemas de pago en línea más antiguos y utilizados y permite a los usuarios enviar y recibir dinero electrónicamente a través de su sitio web y su aplicación móvil. Con PayPal, puede vincular su cuenta bancaria, tarjeta de crédito o débito para financiar transacciones y luego enviar dinero a cualquier persona que tenga una dirección de correo electrónico o un número de teléfono. PayPal también ofrece protecciones para compradores y vendedores y soluciones comerciales para pequeñas empresas y sitios de comercio electrónico.

Venmo es un servicio de pago móvil propiedad de PayPal que permite a los usuarios transferir dinero de forma rápida y sencilla a amigos, familiares y empresas utilizando sus teléfonos inteligentes. Venmo utiliza una fuente social para permitir a los usuarios ver lo que compran y venden sus contactos, agregando una capa de diversión y comunidad a la experiencia. Al igual que PayPal, Venmo admite cuentas bancarias, tarjetas de crédito y débito vinculadas, lo que permite a los usuarios solicitar y enviar dinero con solo unos pocos toques.

Cash App, anteriormente conocida como Square Cash, es otra popular aplicación de pago entre pares que permite a los usuarios enviar y recibir dinero a través de sus teléfonos. Cash App es conocida por su simplicidad y facilidad de uso, sin necesidad de agregar contactos ni crear grupos: ingrese una cantidad en dólares y el nombre de usuario del destinatario (conocido como "$cashtag") para iniciar una transferencia. Cash App también permite a los usuarios invertir en acciones y comprar criptomonedas y admite cuentas bancarias, tarjetas de crédito y débito vinculadas.

Transferencia de dinero (internacional)

Wise ofrece transferencias de dinero internacionales a tipos de cambio medios del mercado con tarifas transparentes. Wise utiliza una red peer-to-peer para igualar pedidos de divisas y evitar los costos ocultos asociados con los bancos y corredores tradicionales. Además de las transferencias internacionales, Wise ofrece cuentas bancarias sin fronteras con números de cuenta locales en varios países, lo que facilita a los autónomos, trabajadores remotos y viajeros frecuentes la gestión de sus finanzas a través de las fronteras.

Remitly es un servicio de remesas digitales que se especializa en transferencias internacionales de dinero, particularmente para inmigrantes que envían dinero a sus familias. Remitly cuenta con tiempos de entrega rápidos, tarifas bajas y tipos de cambio competitivos y admite transferencias a más de 150 países en todo el mundo. Los usuarios pueden elegir entre varios métodos de entrega, incluidos depósitos bancarios, retiros en ventanilla y billeteras móviles, según el país al que realizan el envío. Remitly también ofrece una variedad de medidas de seguridad, como autenticación de dos factores y cifrado, para proteger la información confidencial de los usuarios.

Revolut ofrece una gama de servicios financieros, incluidas transferencias internacionales de dinero. Con Revolut, los usuarios pueden mantener y convertir múltiples monedas dentro de la aplicación y enviar dinero al extranjero utilizando el tipo de cambio interbancario con un margen mínimo. Revolut también ofrece retiros gratuitos en cajeros automáticos internacionales, seguro de viaje y herramientas de elaboración de presupuestos, entre otras ventajas. Sin embargo, si bien las tarifas de Revolut pueden ser más bajas que las de los bancos tradicionales, aún pueden ser más altas que las de los servicios de remesas dedicados como Remitly.

Preparacion de impuestos

Al utilizar el software de preparación de impuestos guiada, Free File del IRS permite a los contribuyentes calificados preparar y presentar declaraciones de impuestos federales sobre la renta en línea. Es seguro, fácil y sin costo alguno para usted. Aquellos que no califican aún pueden usar los formularios rellenables de Free File.

H&R Block es una empresa de preparación de impuestos que ofrece servicios en línea y en persona para individuos y empresas. El software en línea de H&R Block guía a los usuarios paso a paso a través del proceso de presentación, ofreciendo explicaciones y consejos a lo largo del camino. El software también incluye soporte de auditoría y garantías de precisión, lo que brinda tranquilidad a los declarantes. Para aquellos que prefieren asistencia cara a cara, H&R Block opera miles de ubicaciones físicas en todo el país donde los contribuyentes pueden reunirse con profesionales de impuestos en persona. H&R Block es una opción sólida para los contribuyentes que desean la tranquilidad de trabajar con una marca confiable y tener acceso a soporte en persona.

TaxSlayer es un software de preparación de impuestos basado en la web que ofrece cuatro planes de precios diferentes, desde básico hasta premium. Su interfaz es simple e intuitiva y guía a los declarantes a través del proceso con instrucciones e indicaciones claras. TaxSlayer ofrece una amplia gama de formularios y cronogramas, lo que lo hace adecuado para devoluciones complejas e incluye características como garantías máximas de reembolso, atención al cliente prioritaria y defensa ante auditorías. TaxSlayer es una opción rentable para los declarantes que no necesitan que los acompañen durante todo el proceso y aprecian las estructuras de precios sencillas.

TurboTax es quizás la marca más conocida en software de preparación de impuestos, gracias a sus extensas campañas de marketing y su larga trayectoria en la industria. TurboTax ofrece una gama de productos para contribuyentes individuales y comerciales, desde declaraciones federales gratuitas para declaraciones simples hasta paquetes premium para declarantes autónomos y corporativos. El software de TurboTax es altamente interactivo y presenta videos y animaciones útiles que explican conceptos complicados en un lenguaje sencillo. El software también se integra con aplicaciones y servicios de terceros, lo que facilita a los declarantes importar datos y completar sus impuestos de manera más eficiente. TurboTax es ideal para declarantes que desean una experiencia de usuario pulida y atractiva y funciones avanzadas como la integración con aplicaciones y servicios externos.

Sitios de cupones

RetailMeNot es uno de los sitios de cupones más populares de EE. UU., con más de 700.000 cupones y códigos promocionales disponibles para miles de tiendas. También tienen una extensión de navegador que le alerta sobre posibles ahorros mientras compra en línea.

Coupons.com ofrece cupones digitales que se pueden usar en supermercados, farmacias y otros minoristas. Los cupones imprimibles, códigos de cupón y descuentos también están disponibles en su sitio web.

Groupon ofrece ofertas locales, ofertas de viajes y productos a precios reducidos. También tienen una sección dedicada a cupones y códigos promocionales para varios comerciantes.

LivingSocial ofrece ofertas locales, ofertas de viajes y productos a precios reducidos. También tienen una sección para cupones y códigos promocionales.

CouponCabin existe desde 2003 y ofrece varios cupones y códigos promocionales para compras en línea. También ofrecen reembolsos en efectivo y tienen un programa de recompensas para compradores frecuentes.

Savings.com ofrece cupones, códigos promocionales y ofertas para miles de tiendas. También tienen una función de "Oferta del día" que destaca las mejores ofertas que han encontrado diariamente.

Honey aplica automáticamente cupones y códigos promocionales al finalizar la compra cuando compra a través de su plataforma. También ofrecen reembolsos en efectivo y tienen un programa de recompensas.

Ebates ofrece reembolsos en efectivo por comprar a través de su plataforma. También tienen cupones exclusivos y códigos promocionales para comerciantes específicos.

TopCashback ofrece reembolsos por comprar a través de su plataforma, cupones exclusivos y códigos promocionales.

BeFrugal ofrece cupones, códigos promocionales y reembolsos en efectivo para miles de tiendas. También tienen una extensión de navegador que le alerta sobre posibles ahorros mientras compra en línea.

Calculadoras de costo de vida

Las calculadoras del costo de vida resaltan y consideran varias necesidades y gastos clave. Revise estos sitios para obtener más información.

- Numbeo.com
- Livingcost.org
- NerdWallet.com/cost-of-living-calculator

MELANIE NEWELL

Capítulo 12
DEL SUELDO A LA PROSPERIDAD

Al cerrar este viaje a través de la educación financiera, la elaboración de presupuestos, los ingresos, el gasto responsable, la eliminación de deudas, las estrategias de ahorro y el poder transformador de la mentalidad, es evidente que dominar las finanzas personales es tanto un arte como una ciencia. Este libro lo ha equipado con las herramientas y el conocimiento para afrontar los desafíos financieros actuales y lo ha preparado para anticipar y adaptarse a las incertidumbres económicas del mañana.

La educación financiera sienta las bases para una toma de decisiones informada, permitiéndole comprender y aprovechar los conceptos financieros. Al adoptar la elaboración de presupuestos, ha aprendido a dirigir sus recursos financieros con intención, asegurándose de que cada dólar sirva para lograr sus ambiciones personales y financieras.

El camino hacia la eliminación de la deuda y el ahorro para el futuro ha puesto de relieve la importancia de la disciplina y la previsión en la planificación financiera. Estos capítulos han demostrado que la liberación de la deuda y la seguridad económica se pueden lograr con la estrategia y la mentalidad adecuadas.

Los consejos para ahorrar dinero que contiene este libro son su arsenal para combatir gastos innecesarios y optimizar sus recursos financieros. Sirven como recordatorio de que acciones pequeñas y consistentes pueden generar ganancias financieras significativas con el tiempo.

Aumentar sus ingresos fomenta la superación personal y la exploración de oportunidades, destacando que el crecimiento financiero se trata de administrar lo que tiene y ampliar sus capacidades financieras. Gastar responsablemente le ha enseñado el valor del consumo consciente, asegurando que sus hábitos de gasto reflejen sus valores y aspiraciones a largo plazo.

Adoptar una mentalidad financiera positiva es quizás el aspecto más transformador de este libro. Puede cambiar la forma en que administra el dinero y ve la riqueza y el éxito. Este cambio de perspectiva es crucial para superar barreras y fomentar una vida de abundancia.

La exploración de herramientas financieras ha demostrado que en la era digital, la gestión de sus finanzas puede simplificarse e incluso automatizarse, lo que le permite centrarse más en sus objetivos y menos en las minucias de la gestión financiera.

A medida que avanza, recuerde que las finanzas personales son un viaje continuo de aprendizaje, adaptación y crecimiento. Los principios y estrategias esbozados en este libro no son sólo pasos hacia la estabilidad financiera, sino que son la base para una vida de empoderamiento e independencia económicos. Deje que este libro sea una brújula que lo guíe en sus decisiones financieras, un faro de conocimiento que ilumine su camino en tiempos oscuros y una fuente de inspiración para perseguir sus sueños con confianza financiera.

Sus pasos hacia el dominio financiero no terminan aquí: apenas están comenzando. Al pasar la última página de este libro, no cierra un capítulo de su educación financiera, sino que ingresa a un mundo de posibilidades con las herramientas, el conocimiento y la mentalidad para crear un futuro próspero y satisfactorio. La libertad financiera te espera.

Made in United States
Orlando, FL
01 May 2025